感覚 ＋ 動作

アセスメント マニュアル

「感覚処理の問題」と 「不器用」への対応法

【著者】
岩永竜一郎
長崎大学大学院医歯薬学総合研究科教授

【編集協力】
レデックス株式会社

合同出版

はじめに

　筆者はこれまで20年にわたり、特別支援教育に携わってきました。2001年に実施された特別支援教育の先駆けとなる「学習障害児に対する指導体制の充実事業」に巡回相談員として関わりはじめたころは、学校現場で発達障害を知っている教師はまだ少なく、通常学級における特別支援はほとんどなされていませんでした。その後の特別支援教育の推進により、発達障害がある子どもの学習面、行動面、対人関係などの問題への理解と支援は大きく前進したことを実感しています。ところが、今でも発達障害のある子どもの多くが抱える感覚面、協調運動面の問題への気づきと支援はまだ十分とはいえません。これらは、周囲の人に大きな問題ととらえられないことがありますが、発達障害児にとって深刻な問題につながることが少なくありません。

　たとえば、感覚過敏がある子どもが、教室が騒々しいことでかんしゃくを起こしたり、運動会のピストルが耐えられなかったりすることがあります。また、不器用さがある子どもが、自分だけ縄跳びや球技がうまくできなかったりして、悔しい思いをしていることがあります。このような状況にたびたび遭遇し、感覚や運動の問題に学校内で教師が気付き、対応することが不可欠であるということに気づきました。学校の中には、発達障害があるにもかかわらず、未診断で適切な支援を受けていない子どもも多くいます。専門機関につながっていない子どもにも学校内で的確な支援を提供するために、教師が学校の中で使えるツールが必要だと考えてきました。ところが、これまでは教師が感覚や運動の問題に気づいたり支援を考案したりするための手段が限られていました。既存の感覚や運動のアセスメントツールの多くは一定のトレーニングを受けた専門家向けのものが多く、その結果の解釈も発達障害児の感覚面や協調運動面に精通した専門家に委ねないといけませんでした。しかも、感覚や運動の問題に対応できる専門家は非常に少なく、アセスメントを簡単に依頼できない状況がありました。

　そこで、著者らは、学校で教師が子どもの様子を見ながら評価し、結果の解釈ができる簡便な感覚と運動のアセスメントツールが必要と考え、開発を行ってきました。そして、感覚や運動の専門職が分析に加わらなくても、アセスメント結果に基づき、支援方法が提示できる手段ができないか模索してきました。そして、レデックス株式会社の協力によって具現化されるに至りました。それが、本書で紹介する「感覚＋動作アセスメント」です。

　このツールは学校で教師が簡便に子どもの感覚や協調運動の問題を評価でき、支援方法を検討するための情報を提示するものです。とくに学校や学童、放課後等デイサービス、家庭などでの支援や配慮に使うことができる情報がその場で自動的に表示されることは、これまで他のアセスメントツールにはなかった機能で、「感覚＋動作アセスメント」の大きな特徴といえるでしょう。このツールを使っていただくことで子どもの周囲の人の理解が進み、適切な対応がなされやすくなるでしょう。それによって、子どもの困りが改善し、達成感を味わったりすることができるようになると思います。

　このツールが多くの発達障害児の支援に役立つことを願っています。

岩永竜一郎

もくじ

Part
1

【感覚+動作アセスメント】
使い方編

1 【感覚+動作アセスメント】とは?

【感覚+動作アセスメント】の特長

　【感覚+動作アセスメント】は、教育・療育の現場で、子どもの感覚処理や協調運動に関する問題を分析し、支援に役立てるために作られたウェブサービスです。

　「感覚」に関する質問が45項目、「動作」に関する質問が38項目あります。教師が子どもの感覚刺激への反応や、協調運動の状況に関する質問に回答することで、個々の子どもの「困り」が明らかとなり、対処方法をレポートとして出力することができます。

　いくつかの感覚や運動スキルを評価する検査がありますが、結果を見て、子どもへの支援プランを考えることは容易ではなく、このプロセスに困難を感じる方は多いでしょう。【感覚＋動作アセスメント】では、因子別スコアと領域別スコアが表示されるだけでなく、それぞれのスコアの偏りに応じた対処法が提示されることが大きな特長です。

開発経緯

　【感覚＋動作アセスメント】は、著者らのこれまでの研究*によって作られた「学校版感覚・運動アセスメントシート」がベースとなっています。これらの研究の中で、私たちは全国から約950名の子ども（小学生）について評定した教師の回答のデータを収集、因子分析を行い、因子を明らかにするとともにそれぞれの因子に基づくサブカテゴリー（下位領域）を構成し、その標準値を算出しました。

　このアセスメントの質問項目を用いると、発達障害がある子どもでは、感覚面・運動面ともにスコアの偏りが見られることもわかりました。

　「学校版感覚・運動アセスメントシート」の研究によって有用性が明らかになった感覚処理、協調運動に関する質問項目、サブカテゴリー（下位領域）、標準値などを基に、教育支援システム等の開発を行うレデックス株式会社がウェブサービスシステムを開発しました。

　【感覚＋動作アセスメント】は、教師が収集したデータが標準値の基となっていますが、教師はもとより、学齢児に関わる他の専門家、支援者にも参考情報を提示するツールとして活用していただいています。

*著者らの研究：岩永ら, 2017a; 岩永ら, 2017b; 上田ら, 2015a; 上田ら, 2015b; 中山ら, 2012a; 中山ら, 2012b; 中山ら, 2012c; 中山ら, 2012d

◆文献

● 岩永竜一郎, 加藤寿宏, 伊藤祐子, 仙石泰仁, 徳永瑛子, 東恩納拓也, 樫川亜衣, 上田茜: 学校版運動スキルアセスメントの因子分析研究, 日本発達系作業療法学会誌, 5(1): 15-23, 2017a

● 岩永竜一郎, 加藤寿宏, 伊藤祐子, 仙石泰仁, 徳永瑛子, 東恩納拓也, 樫川亜衣, 上田茜: 学校版感覚処理アセスメントの因子分析研究, 日本発達系作業療法学会誌, 5(1): 9-14, 2017b

● 上田茜, 岩永竜一郎: 学校版・感覚運動アセスメントシートの通常学級児のデータに基づく因子分析〜運動面の結果〜. 感覚統合研究.15: 33-40, 2015a

● 上田茜, 岩永竜一郎: 学校版・感覚運動アセスメントシートの通常学級児のデータに基づく因子分析〜感覚系の結果〜. 感覚統合研究. 15: 41-50, 2015b

● 中山茜, 岩永竜一郎, 十枝はるか: 学校版感覚・運動発達アセスメントシートの開発〜運動面に対するアセスメント〜, 感覚統合研究, 14: 35-40, 2012a

● 中山茜, 岩永竜一郎, 十枝はるか: 学校版感覚・運動発達アセスメントシートを使った広汎性発達障害児の運動面の評価〜パイロットスタディ〜, 感覚統合研究, 14: 41-46, 2012b

● 中山茜, 岩永竜一郎, 十枝はるか: 学校版感覚・運動発達アセスメントシートの開発〜感覚面に対するアセスメント〜, 感覚統合研究, 14:47-52, 2012c

● 中山茜, 岩永竜一郎, 十枝はるか: 学校版感覚・運動発達アセスメントシートを使った広汎性発達障害児の感覚面の評価〜パイロットスタディ〜, 感覚統合研究, 14: 53-58, 2012d

2 【感覚+動作アセスメント】 サービスの構成

アセスメントの種類

　周囲の人は気づきにくく、本人も気づいていない場合もある感覚と動作の「困り」を、質問に答えることでアセスメント（分析）します。利用者は対象となる子どもに関連する複数の質問（たとえば感覚の項目では、周りで音がすると、集中できないことがある）に、「まったくない：0」から「いつもある：4」（動作項目は「よくできる：0」から「非常に苦手である：4」）までの、0から4の5段階で回答します。アセスメントの結果はPDFデータとして、画面に表示されます。利用者は、その結果から、子どもの感覚または動作の困りとそれへの対処方法を知ることができます。結果は印刷またはデータとして保存することができます。

質問項目

　質問の数は、【感覚アセスメント】が45項目、【動作アセスメント】が38項目あります（9、10ページ参照）。いずれも、子どもと接している教師などの利用者が、日頃の子どもの様子から質問にどの程度、合致するかを考えて回答します（療育者・保護者も回答できますが結果は参考値になります）。

アセスメントシート

　【感覚アセスメント】は、視覚や聴覚などの、どの感覚系に関連することに困りがあるか、また困りの反応はどんなパターンなのか、2種類のシートとして結果が出されます。
　【動作アセスメント】は、手の動きや姿勢などの動作の要素ごとのスコアと、書くスキルやスポーツスキルなどの動作の困りの因子ごとのスコアの2種類のシートとして結果が出されます。

使い方ガイド

　レデックス株式会社のホームページの製品ガイドから、【感覚＋動作アセスメント】のバナーをクリックすると、サービスの内容、及び使い方が詳しく紹介されています。

サービスの内容

ご利用ガイド

感覚アセスメント質問項目

感覚アセスメントは、次の45の質問項目があります。

1	授業中、1度でも席を立ったり、落ち着きなく頭や体を揺らしたりする
2	授業中、椅子をうしろに傾けて座ったり、揺らしたりする
3	鉛筆や、爪などをかむ癖がある
4	授業中、いつも足をぶらぶらさせたり、もぞもぞ動かしたりしている
5	(毎日／毎時間) 貧乏ゆすりをしている
6	授業中、机を指でたたいたりして音を鳴らすことがある
7	周りで音がすると、集中できないことがある
8	名前を呼ばれても気づかない／話しかけられても振り向かないことがある
9	上履きを履きたがらないことがある
10	1人で意味もなく飛び跳ねたり、ぐるぐる回っていることがある
11	先生や友だちにベタベタすることがある
12	友だちがぶつかったり押したりすると突然怒り出す
13	教室内で、椅子や机によくぶつかる
14	(熱い食べ物／冷たい食べ物) を食べたがらないことがある
15	(熱い食べ物／冷たい食べ物) しか食べたがらないことがある
16	給食時間になると、教室から出たり、鼻をつまんだりする
17	怪我をしても痛がらない／怪我していることに気づかない
18	体育館での集会を嫌がる
19	特定の歌やフレーズ、曲を嫌う
20	特定の声 (大小・高低) が苦手で、苦手な声の人を嫌う
21	記念写真などのとき、目を細めたり、顔を背けたりする
22	物や、人の匂いを嗅ぐ
23	何もないところで転ぶことがある
24	うしろから触られても気づかないことがある
25	鼻水やよだれがたれていても気づかないことがある
26	トイレに行きたい感覚 (尿意・便意) が、自分ではわからない
27	粘土や糊を触ることを嫌がる
28	何もないのに、耳をふさぐことがある
29	プールで、顔を水につけることを怖がる (常に顔を覆っているなど)
30	大きな音 (かけっこのときのホイッスルやピストル、太鼓の音など) を嫌がり、耳をふさぐ
31	ブランコなど、揺れる遊具を怖がる
32	突然目をふさいだり、目を細めたりすることがある
33	鉄棒など、逆さになったりぶら下がったりする運動を怖がる
34	(暑さ／寒さ) に弱い
35	靴下や帽子を嫌がる
36	高いところに上ったり、そこから飛び降りたりする
37	先生や友だちに触られると突然怒り出す
38	給食中、ストローを嚙みつぶしている
39	給食で、決まったものを残したり、よけて食べたりする
40	少しでも手が汚れると洗いたがる／洗いに行く
41	(面倒くさがるのではなく) せっけんで手を洗わないことがある
42	ちょっとした怪我でも、かなり痛そうにする
43	理科室や保健室、トイレの匂いを嫌がる
44	夏でも長袖を着ている／冬でも半袖を着ている (薄着をしている)
45	蛍光灯の光が苦手／電気を消したがる

動作アセスメント質問項目

動作アセスメントは、次の38の質問項目があります。

1	細かい手の動き（ひも結び、はさみ）
2	文字や数字をノートの枠内におさめて書く
3	文字をなぞり書きする
4	整った形の文字を書く
5	漢字を書くとき、筆順に従いスムーズに書く
6	筆圧の調節ができる
7	字を書いているときの力加減ができる
8	消しゴムで消したい字を上手く消す
9	字を書くときにノートや紙を押さえる
10	物を見て絵を描く（模写）
11	人の絵を描く
12	想像しながら絵を描く
13	（動きの速さ、ぎこちなさ）スムーズな運動ができる
14	ラジオ体操など身体全体を使う体操のまねができない
15	相手から投げられたドッジボールを受け取る
16	相手にボールを上手く投げる
17	両足をそろえ、前方に両足跳びで進む
18	走るとき、手のふりに左右差（ない場合0点か1点）
19	「よーい、どん」のタイミングをつかむ
20	速く走る
21	握力　（強い：0点　〜　弱い：4点）
22	雑巾をしぼる
23	スプーンや箸を使う
24	鉛筆やクレヨンを上手に持つ
25	ボタン掛け
26	洋服の脱ぎ着
27	手足の右左の理解
28	利き手の確立（利き手が決まっていれば0点または1点）
29	両手・両足などを一緒に使う
30	行飛ばしをしないで音読する
31	文字を読み飛ばさずに読むことができる
32	授業中、姿勢を保っておく（うつぶせになったり体が傾いたりしないか）
33	まっすぐ立っておく（だらりとしていないか）
34	はっきりと発音する（不明瞭な音がないか）
35	常に口を閉じておく
36	食事中、口から食べ物をこぼさずに食べる
37	自分の机の周りの整理整頓ができる
38	体育座り（体が傾かないか、手をついていないか）

3 【感覚+動作アセスメント】登録方法

 ## 2種類のサービス

サービスを利用する方法は、使い放題と、チケット方式の2種類があります。

使い放題

定められた月額を支払うことで、人数及び回数に制限なく、感覚と動作のアセスメントを行う方式です。

チケット方式

あらかじめチケットを購入しておき、感覚または動作のアセスメントを行うごとに1チケットを使用する方式です。

2種類の方法のもっとも大きな違いは、利用者が過去に行ったアセスメントのデータを再利用できるかどうかという点です。チケット利用の場合は、アセスメントの結果は、利用した後に印刷するか、PDFデータとし利用者が保存していきます。

使い放題の場合は、ウェブサイト上に保存されるため、過去に行ったアセスメントの結果をそのまま、あるいは一部を変更して、再利用や出力することができます。

使い放題
月額4,500円（税込4,950円）
支払方法：クレジットカード・口座振替

チケット方式
2チケット：1,600円（税込1,760円）
10チケット：7,000円（税込7,700円）
100チケット：60,000円（税込66,000円）
＊1チケットで、感覚または動作のいずれかのアセスメントが1回受けられます。
支払方法：クレジットカード・銀行振込

【特典付】会員登録の方法

1）インターネットに接続したパソコンやタブレット、スマートフォンでブラウザを立ち上げ、
　【感覚＋動作アセスメント】のサービスサイトにアクセスします。

https://www.spma.jp

2）「システム利用の申し込み」をクリックし、登録に必要なメールアドレスなどの情報を入力します。最後に読者特典用クーポンコードを入力します。

3）入力し終わると、システムから本人確認のメールが届きます。メールに記載された手順に従い「本登録」を行うと、無料チケットが2枚使えるようになります。

読者特典
クーポンコード：
KDA-GDS-2021

利用者登録

本登録の次はアセスメントの対象となる利用者を登録します。

［利用者一覧］タブをクリックし、表示される利用者一覧ページで、［新規追加］ボタンをクリックして登録を行います。

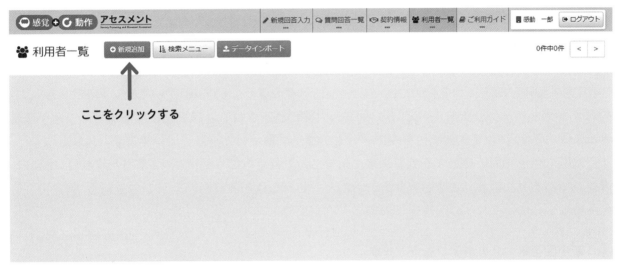

利用者情報編集ページが表示されますので、入力して［登録］をクリックします。

4 【感覚アセスメント】使い方・結果の見方

質問の回答方法

子どもの様子をよく知る教師や療育者が、学校や施設での子どもの日常的な行動を見て、感覚刺激に対する反応に関する質問にウェブ上で回答します。

【感覚＋動作アセスメント】のウェブページにアクセスし、必要事項を記入し「新規回答入力」のボタンをクリックします（下記①）。回答入力欄が表示されると感覚面に関する質問項目が表示されます（下記②）。その質問に普段の子どもの様子に基づいて回答していきます。

日常的な生活場面で体験する感覚刺激に対する行動反応を問う質問に、「まったくない（0点）」、「まれにある（1点）」、「ときどきある（2点）」、「しばしばある（3点）」、「いつもある（4点）」「答えられない」のいずれかの回答をします。

① 「新規回答入力」のボタンをクリック

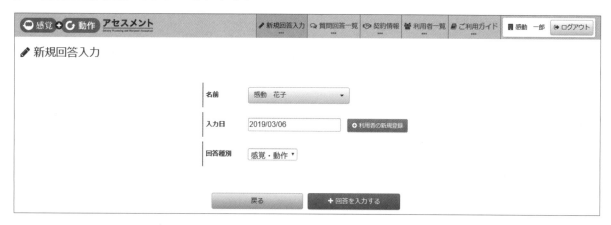

②回答入力欄が表示されると感覚面に関する質問項目が表示される

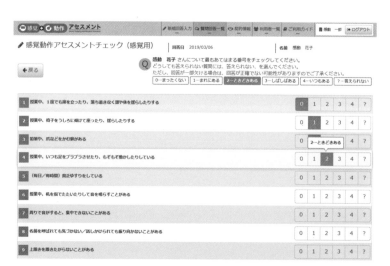

回答結果表示

すべての質問項目に回答すると結果が自動表示されます。

結果表示は、「固有受容覚」、「前庭覚」、「触覚」、「聴覚」、「視覚」、「嗅覚」、「口腔感覚」の7つの感覚領域のスコア（表①）と、これまでの研究で明らかになった感覚処理の4つの因子、「感覚探求」、「認知を伴う過反応」、「身体感覚への低反応」、「過反応」（表②）に対応したスコアが出てくるように構成されています。

各感覚領域のスコアと感覚処理の因子のスコアはレーダーチャートで、パーセンタイルスコアによって表示されます（図①）。パーセンタイルとは、データを大きさ順で並べて100個に区切り、どの位置にあるかを見るものです。

レーダーチャートのスコアはもっとも外側が1パーセンタイルになっています。外側に行くほど、偏りが大きいことを示します。

たとえば、「過反応」が1パーセンタイルであれば、100人の子どもを偏りのある順に並べたときに1番目にいるということになり、かなり過反応の傾向が強いといえます。

■ 表① 7つの感覚領域

1	固有受容覚	主に筋肉内部にある受容器（筋紡錘やゴルジ腱器官など）から受け止めている感覚で、身体の動きや位置、体にかかる抵抗などを感知する感覚。たとえば、手足に力を入れたときに感じる感覚
2	前庭覚	前庭覚は揺れや姿勢変換、回転などで生じる感覚。たとえば、動くスピードを感じるとかぐるぐる回って目がまわるといった感覚
3	触覚	触ったり、触られたりするときに感じる感覚
4	聴覚	人の声や物音を聞いて生じる感覚
5	視覚	光、見えるものによって生じる感覚
6	嗅覚	匂いの感覚
7	口腔感覚	味や口腔内外への接触などによって生じる感覚

■ 表② 感覚処理の4つの因子

1	感覚探求	ある感覚刺激を過剰に求める行動反応
2	認知を伴う過反応	感覚刺激に対する認知的・情動的な評価が影響する可能性がある過敏反応
3	身体感覚への低反応	自己の身体の感覚刺激に対しての反応の弱さ
4	過反応	感覚刺激への過剰反応

■ 図① 感覚領域レーダーチャートの結果（見本）

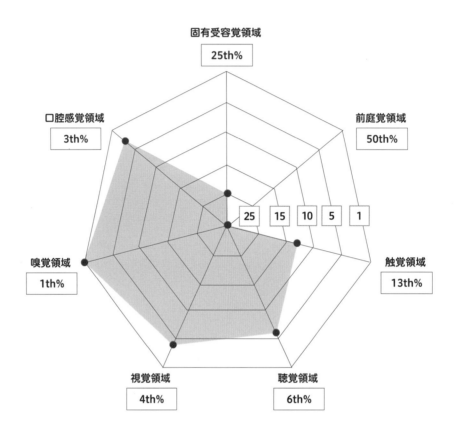

感覚領域ごとのスコア

感動　太郎　殿
実施年月日：2024 年 04 月 10 日

固有受容覚領域	固有受容覚刺激に対する反応のスコアは標準の範囲内でした。
前庭覚領域	前庭刺激（揺れや姿勢変換）に対する反応のスコアは標準の範囲内でした。
触覚領域	触覚刺激に対する反応に偏りがあるようです。 人や物からの触覚刺激に対する反応に違いがあるようです。
聴覚領域	聴覚刺激に対する反応に偏りがあるようです。 呼びかけや周囲の音刺激への配慮が必要となるでしょう。
視覚領域	視覚刺激に対する反応に偏りがあるようです。 周囲の視覚刺激への配慮が必要となるでしょう。
嗅覚領域	嗅覚刺激に対する反応に偏りがあるようです。 匂い刺激への対応の仕方についての対策を検討する必要があるでしょう。
口腔感覚領域	口腔刺激に対する反応に偏りがあるようです。味覚、嗅覚、食べ物の触感などの偏りへの配慮が必要でしょう。 偏食がある場合にはこだわりが影響することもありますので、感覚とは別の視点からも分析を加える必要があるでしょう。

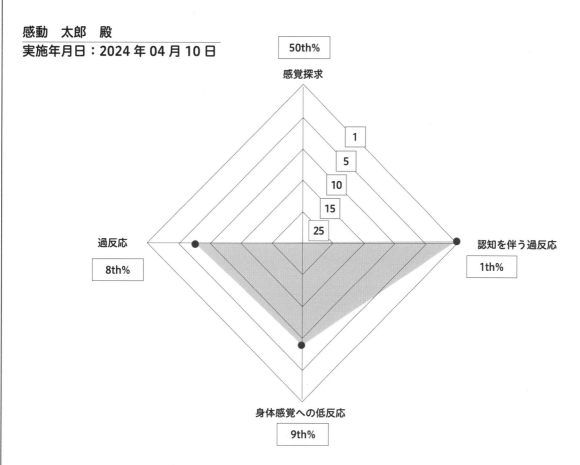

感覚処理の因子ごとのスコア

感動　太郎　殿
実施年月日：2024 年 04 月 10 日

過反応・認知を伴う過反応	感覚刺激に対する過剰な反応は同年齢の子どもと比較して目立たないようですが、下記の点にご注意ください。 特定の歌、フレーズ、曲などが不快な場合、聴覚過敏に加え、こだわりを伴っていることがあります。 まずは、嫌な曲がかかっている場所を避けるなど、不快な歌、フレーズ、曲を遠ざけて、安心感を作り出すことが必要ですが、何らかのきっかけでそれらが大丈夫になることもあります。 特定の人の声が嫌な場合は、その人との距離を取らせることを検討したり、一緒に活動する人の組み合わせを検討する必要があるでしょう。 匂いを嗅ぐときは人前ではないところで嗅ぐ、人の匂いを嗅がないなどの社会スキルは教える必要がありますが、匂いなど感覚刺激を求めるニーズがあることを理解することが必要でしょう。 嗅覚の過敏性があるかもしれません。 親御さんに家庭で嫌なにおいがあるか確認をする必要があります。 窓際など換気ができるところで食べてもらったり、別の部屋で食べてもらったりする方法などを試してみるとよいでしょう。
身体感覚への低反応	同じ年齢の子どもと比較して、身体感覚への気づきにくさ、反応の弱さは目立たないようですが、下記の点にご注意ください。 自分の身体への注意が弱かったり、身体図式が不十分だったりするかもしれません。 狭いところをくぐり抜ける活動などを行い自分の体に注意を向ける機会を作ることが大切だと思われます。
感覚探求	同じ年齢の子どもと比較して、感覚刺激を過剰に求める行動は目立たないようです。

感覚面のスコアの読み取り方

感覚面の評価では、7つの感覚領域のスコアと感覚処理の4つの因子のスコアと、それに対する対処法などが自動的に表示されます。

「感覚領域ごとのスコア」に偏りが見られた場合

1　固有受容覚領域

この領域のスコアの偏りが大きい（パーセンタイルスコアが低い）場合は、固有受容刺激が関与する行動が特異的である可能性が高いといえます。たとえば、見えているものに身体をぶつけたり、必要以上に身体を動かすなどの行動がよく見られます。そのため、筋肉の感覚、深部感覚、身体の動きの感覚刺激の提供の仕方や、固有受容刺激への注意の向け方の工夫などを検討すべきでしょう。

走る、跳ぶなど、筋肉や関節に多くの刺激が入る活動を生活に組み入れるなどの配慮が必要なこともあります。

2　前庭覚領域

この領域のスコアの偏りが大きい場合は、体の揺れや姿勢変換、動きに対する反応に偏りがある可能性が高いといえます。たとえば、揺れや姿勢変換を怖がったりすることがあったり、逆に揺れやスピードを過剰に求めたりするなどの行動が見られることがあります。揺れや動きの感覚の与え方に配慮が必要なことがあります。

3　触覚領域

この領域のスコアの偏りが大きい場合は、触覚刺激に対する反応に偏りがある可能性が高いといえます。たとえば、ある衣服の素材の肌触りを嫌がったり、他の人に過度に触るなどの行動が見られることがあります。場合によってはベタベタしたものを触る場面や、人と接触するような場面で、他の人と距離を保ってもらうなどの配慮が必要となることがあります。

4　聴覚領域

この領域のスコアの偏りが大きい場合、聴覚刺激に対する反応に偏りがある可能性が高いといえます。たとえば、名前を呼ばれても反応しない、特定の人の声や急に鳴る音に過敏反応を示すなどの行動が見られることがあります。子どもに呼びかけるときや周囲の音の刺激への配慮が必要となることが多いでしょう。

5　視覚領域

この領域の偏りが大きい場合、視覚刺激に対する反応に偏りがある可能性が高いといえます。たとえば、蛍光灯や強い光を嫌がるなどの行動がよく見られます。そのような場合、蛍光灯を間接照明にする、カメラのフラッシュを焚かないなど視覚刺激への配慮が必要となることがあります。教室で席を窓際に設けないなど、まぶしい光の調整が必要となることもあります。

6 嗅覚領域

　この領域のスコアの偏りが大きい場合、嗅覚刺激に対する反応に偏りがある可能性が高いといえます。たとえば、理科室の匂いが苦手で入室できない、他の人の匂いを嗅ぐなどの行動が見られることがあります。好きな匂いを付けたマスクを使ってもらうなどの匂いの刺激への対応の仕方について検討が必要となることがあります。

7 口腔感覚領域

　この領域のスコアの偏りが大きい場合は、味や触感への反応に違いが見られることがあります。食事など、口腔感覚を多く経験する場面で配慮が必要となることがあります。

「感覚処理の因子ごとのスコア」に偏りが見られた場合

1 感覚探求

　前庭覚刺激と固有受容覚刺激の探求や、注意の散りやすさに関連した項目の因子と考えられます。この因子のスコアの偏りが大きい場合には、授業中に身体を動かしたりするなど、感覚を他の子ども以上に求める行動が多いことがあります。周囲からの刺激に気づきにくいこともあります。自分自身を抑えることが苦手で身体的多動や衝動的行動が見られることもあります。

2 認知を伴う過反応

　この因子には「熱い食べ物や冷たい食べ物をいやがる」、「給食時間になると、教室から出たり、鼻をつまんだりする」、「特定の声（大小・高低）が苦手で、苦手な声の人を嫌う」、「記念写真などのとき、目を細めたり、顔を背けたりする」などの項目が含まれます。
　感覚過敏の中でも、認知的要素が過敏を助長している反応が、この因子に反映されている可能性があります。この因子のスコアの偏りが大きい場合、該当する感覚刺激が生じる活動の際に、認知的要素を意識した関わりが必要となることがあるでしょう。たとえば、特定の人の声に不快反応を起こしている場合、その人との対人関係が改善すると、声を聞いても不快反応が出なくなることがあります。

3 身体感覚への低反応

　この因子には、「何もないところで転ぶことがある」、「鼻水やよだれがたれていても気づかないことがある」、「トイレに行きたい感覚（尿意・便意）が、自分ではわからない」など自己の身体の感覚刺激への気づきにくさに関係する項目が含まれます。
　この因子のスコアの偏りが大きい場合、身体感覚に対する反応が弱く、刺激に対する反応が見られない可能性があります。自分自身の体や周囲で起こっていることに対して注意が向きにくいことが原因となっていることも考えられます。

4 　過反応

　この因子には、「プールで、水に顔をつけることを怖がる（常に顔を覆っているなど）」、「大きな音（かけっこのときのホイッスルやピストル、太鼓の音など）を嫌がり、耳をふさぐ」、「ブランコなど、揺れる遊具を怖がる」など、刺激に対する過敏性を反映する項目が含まれています。この因子のスコアの偏りが大きい場合、感覚刺激への不快反応が起こりやすいことが疑われます。特定の感覚刺激に耐えられない場合、無理に我慢させようとせず、対応策を考える必要があります。

　まず、不快な聴覚刺激をなくしたり、遠ざけたりすることができないか検討しましょう。感覚刺激に対する認識が変わったり、経験が増すと受け入れが可能になることがあるため、無理をさせないように配慮しながら、受け入れの改善を検討します。ブランコの揺れへの過敏はスモールステップで少しずつ経験を積んでもらうことで改善することが多いです。

5 【動作アセスメント】使い方・結果の見方

 ## 質問の回答方法

　子どもの様子をよく知る教師が、学校や施設での子どもの日常的な行動を見て、動作に関する質問にウェブ上で回答します（支援者・保護者も回答できますが、結果は参考値になります）。

　ウェブ上で【感覚＋動作アセスメント】のページにアクセスし、必要事項を記入し「新規回答入力」のボタンをクリックし、回答入力欄が表示されると動作面に関する質問項目が表示されます（14ページ参照・感覚用と共通）。その質問に普段の子どもの様子に基づいて回答していきます。

　学校の中での協調運動、たとえば書字の習熟度、球技のスキルなどの質問に教師が「よくできる（0点）」、「できる（1点）」、「少し苦手である（2点）」、「苦手である（3点）」、「非常に苦手である（4点）」のいずれかの回答をします。

 ## 回答結果表示

　すべての質問項目に回答すると結果が自動表示されます。

　結果表示は、「書字」、「描画」、「手の動き」、「全身の両側運動」、「読字」、「口腔運動」、「姿勢」、「動きへの適応」の8つの運動領域ごとのスコア（表③）と、これまでの研究で明らかになった協調運動の4つの因子、「書くスキル」、「スポーツスキル」、「両側動作と側性化＊」、「姿勢及び読字・口腔運動」に対応したスコア（表④）が出てくるように構成されています。動作面のスコアも感覚面のスコアと同じくレーダーチャートで、パーセンタイルスコアによって表示されます（図②）。

　たとえば、書くスキルが1パーセンタイルであれば、100人中で1番書字スキルが低いことを示し、書字の苦手さがかなり目立つ状態である可能性があります。

＊側性化：幼児期の発達過程で脳の左右の半球のうち優位半球が決まってきます。それに伴い利き手が定まってくるなど、運動面にも左右の役割分担が見られるようになります。

■表③　8つの運動領域

1	書字	文字を書くスキル
2	描画	絵を描くスキル、絵をイメージする能力
3	手の動き	手を使った細かい作業、指先を使った両手動作などのスキル
4	全身の両側運動	両手・両足を協調させるスキル
5	読字	読字のスキル、眼をスムーズに動かすスキル
6	口腔運動	口や舌をスムーズに動かすスキル
7	姿勢	姿勢を調整したり、維持したりするスキル
8	動きへの適応	リズムに合わせた動き、タイミングを図る動き、球技などのスキル

■表④　協調運動の4つの因子

1	書くスキル	文字を書いたり、絵を描いたりするスキル
2	スポーツスキル	体育の課題やスポーツのスキル
3	両側動作と側性化	左右の手足を協調させて動かすことや利き手の発達を反映するスキル
4	姿勢及び読字・口腔運動	姿勢の維持・調整及び文字を読むことや口や舌の運動スキル

■ 図② 運動領域レーダーチャートの結果（見本）

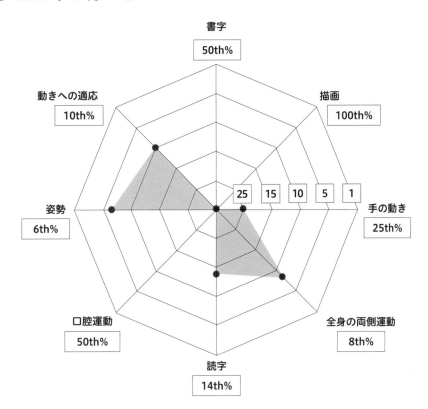

運動領域ごとのスコア

感動　太郎　殿
実施年月日：2024 年 05 月 02 日

書字 50th%
描画 100th%
手の動き 25th%
全身の両側運動 8th%
読字 14th%
口腔運動 50th%
姿勢 6th%
動きへの適応 10th%

(目盛り：25 15 10 5 1)

書字	書字のスコアは標準の範囲内でした。
描画	描画のスコアは標準の範囲内でした。
手の動き	手の動きのスコアは標準の範囲内でした。
全身の両側運動	両手・両足を協調させる動きに困難があるようです。 両手動作、全身の両側運動が改善するための支援が必要となるでしょう。
読字	文字を読む際に眼をスムーズに動かすことに困難があるかもしれません。眼の動きがスムーズにできるか確認する必要があるでしょう。 文章を読むことの困難がある場合、眼球運動だけでなく読字能力に問題がないかを確認する必要があります。文字から音、意味につなげることや言葉の知識に問題がないか確認することも必要です。また、不注意が読み飛ばしの原因になることがありますので、注意力のアセスメントも必要です。
口腔運動	口腔運動のスコアは標準の範囲内でした。
姿勢	姿勢を調整したり、維持したりすることに困難があるようです。 バランス機能、姿勢維持機能について、アセスメントする必要があるでしょう。
動きへの適応	リズムに合わせた動き、タイミングをはかる動き、球技などに困難があるようです。 そのような動きが入る活動では苦手となることを想定して、学校などで行う運動の予習をしておくとよいでしょう。

協調運動の因子ごとのスコア

感動　太郎　殿
実施年月日：2024 年 05 月 02 日

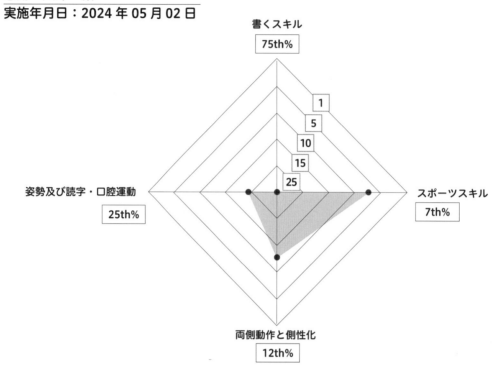

協調運動の各領域におけるスキルに関するスコアを見ると「スポーツスキル」、「両側動作と側性化」の問題が他の利用者に比べ、目立っていることがわかりました。	
書くスキル	文字を書いたり、絵を描いたりするスキルは他の子どもと比較して目立たないようです。
スポーツ　スキル	体育の課題やスポーツの苦手さが見られるようです。それらのスキルを高めるための指導をしたり、運動に対する苦手意識が強くならないように工夫をする必要があるでしょう。 やるべき動き、体操などを覚えてしまうとやり方がスムーズになることがあります。丁寧にやり方の順番などを教えて覚えてもらうことが必要でしょう。 体育などで新たな運動を学習する際には、あらかじめやり方を教えておいたり、運動の予習をしておくことが望ましいでしょう。 球技はまず個別でボールの扱いを教えることが必要です。大きなボールを使ったり、大人が相手になってゆっくり投げたボールを受け取ってもらうなど、スモールステップで成功体験を積み重ねてもらいながら 、スキルを高めていくとよいでしょう。
両側動作と側性化	左右の手足を協調させて動かすことや利き手の発達を反映するスキルに少し困難がありそうです。 両手のみ、両足のみ、それぞれを練習して、最後に組み合わせるとよいでしょう。もしくはくり返しを多くして、両手足の同時動作を練習するとよいでしょう。
姿勢及び読字・口腔運動	姿勢を保つことや読字・口腔運動の問題は他の子どもと比較して目立たないようですが、下記の点にご注意ください。 椅子に滑り止めマットを敷くことは臀部のずれを防ぎます。 背もたれをなくしたり、バルーン椅子を使ったりすると姿勢が保ちやすくなることがあります。 授業中に立ち上がったり、動く機会を作るとその後の姿勢がよくなることがあります。 普段から、バランス能力を育てる活動をするとよいでしょう。

動作面のスコアの読み取り方

動作面の評価では、8つの運動領域のスコアと協調運動の4つの因子のスコアが自動的に表示されます。

「運動領域ごとのスコア」に偏りが見られた場合

1 書字

このスコアの偏りが大きい（パーセンタイルスコアが低い）場合、文字を書くことの困難が生じている可能性があります。書字に関する支援を検討する必要があるでしょう。手先の協調運動についてアセスメントしたり、利用しやすい文具の工夫をしたりすることが必要なことがあります。

2 描画

このスコアの偏りが大きい場合、絵を書くことに困難が生じている可能性があります。手先の協調運動または絵をイメージすることに苦手さがあることを考える必要があるでしょう。描こうとするものが正しく見えているかどうか視覚認知機能についてアセスメントすることも検討すべきでしょう。

3 手の動き

このスコアの偏りが大きい場合、手を使った細かい作業、指先を使った両手動作などに困難が生じている可能性があります。手先に力を入れることや協調運動をする際に支援が必要なことがあります。手を使った生活動作ができるようにするための工夫が必要となるでしょう。

4 全身の両側運動

このスコアの偏りが大きい場合、両手・両足を協調させる動きに困難が生じている可能性があります。両手動作、全身の両側運動が改善するための支援が必要となるでしょう。

5 読字

このスコアの偏りが大きい場合、文字を読む際に眼をスムーズに動かすことに困難があるかもしれません。眼の動きがスムーズにできるか確認する必要があります。文章を読むことの困難がある場合、眼球運動だけでなく読字能力に問題がないかを確認することが必須です。文字から音、意味につなげることや言葉の知識に問題がないかを確認することも必要でしょう。また、不注意が読み飛ばしの原因になることがあるため、注意力のアセスメントも必要です。

6 口腔運動

このスコアの偏りが大きい場合、口や舌をスムーズに動かすことに困難があるかもしれません。発音が気になる場合は舌の形態的な問題がないかを確認することも必要です。

7 　姿勢

　このスコアの偏りが大きい場合、姿勢を調整したり、維持したりすることに困難が生じている可能性があります。バランス機能、姿勢維持機能について、アセスメントする必要があるでしょう。

8 　動きへの適応

　このスコアの偏りが大きい場合、リズムに合わせた動き、タイミングをはかる動き、球技などに困難が生じている可能性があります。そのような動きが入る活動では苦手となることを想定して、学校などで行う運動の予習をしておくとよいでしょう。

「協調運動の因子ごとのスコア」に偏りが見られた場合

1 　書くスキル

　この因子のスコアの偏りが大きい場合、文字を書いたり、絵を描いたりすることの苦手さが顕著に見られることが示唆されます。それらのスキルを高めるための指導を加えたり、書きやすくするための工夫をしたりすることが必要となることがあります。

2 　スポーツスキル

　この因子のスコアの偏りが大きい場合、体育の課題やスポーツの苦手さが見られることが示唆されます。それらのスキルを高めるための指導をしたり、運動に対する苦手意識が強くならないように工夫をしたりすることが必要となることがあります。

3 　両側動作と側性化

　この因子のスコアの偏りが大きい場合、左右の手足を協調させて動かすことや、利き手の発達を反映するスキルに明らかな困難があることが示唆されます。左右の手足の協調運動、利き手の発達に伴う手先のコントロールを支援することが必要となることがあります。

4 　姿勢及び読字・口腔運動

　この因子のスコアの偏りが大きい場合、姿勢の問題や読字・口腔運動の問題が顕著に見られることが示唆されます。これらには注意機能も関係する可能性があります。これらの運動スキルを高めるための指導を加えたり、苦手さを支援する工夫が必要となるでしょう。

6 手計算でスコアを評定する方法

回答の記入方法

　【感覚+動作アセスメント】では、質問に回答することでスコアが自動的に集計され支援方法が表示されますが、ここではウェブサービスを使わずに手計算で各領域のスコアを評定する方法を紹介します。

　評定は、【感覚アセスメントシート】と【動作アセスメントシート】を使用して行います。

　アセスメントを始める前に、対象となる子どもの学年・氏名と、アセスメントを実施した日、実施者の氏名を記入します。

　ウェブサービスと同じく【感覚アセスメントシート】には45項目、【動作アセスメントシート】には38項目の質問があります。それぞれの質問項目について、白く抜かれた欄に点数を記入します。

　【感覚アセスメントシート】では「まったくない（0点）」、「まれにある（1点）」、「ときどきある（2点）」、「しばしばある（3点）」、「いつもある（4点）」の中から、【動作アセスメントシート】では「よくできる（0点）」、「できる（1点）」、「少し苦手である（2点）」、「苦手である（3点）」、「非常に苦手である（4点）」の中から選んで回答します。

　質問項目によっては回答欄が2つある場合がありますが、どちらも同じ数字を記入します。たとえば、「鉛筆や、爪などをかむ癖がある」という質問において、白抜きされた「触覚」の欄に2点と記入した場合、同じく白抜きされた「感覚探求」の欄にも2点と記入します。

各領域・因子のスコアを算出する

　回答欄の点数を縦に足して、それぞれの領域・因子の合計点を算出します。

　【感覚アセスメントシート】では、「固有受容覚」、「前庭覚」、「触覚」、「聴覚」、「視覚」、「嗅覚」、「口腔感覚」の7つの感覚領域別のスコアと「感覚探求」、「認知を伴う過反応」、「身体感覚への低反応」、「過反応」の4つの因子別のスコアが算出されます。

　【運動アセスメントシート】では、「書字」、「描画」、「手の動き」、「全身の両側運動」、「読字」、「口腔運動」、「姿勢」、「動きへの適応」の8つの運動領域別のスコアと「書くスキル」、「スポーツスキル」、「両側動作と側性化」、「姿勢及び読字・口腔運動」の4つの因子別のスコアが算出されます。

スコアを評定する

　各領域別、因子別のスコアの合計を算出したら、カットスコアの表にあるパーセンタイル値を参照しながら評定し、「カットスコアの評定」の欄に記入します。【感覚アセスメントシート】では全年齢共通の表、【動作アセスメントシート】では、3つの年齢群に分け、対象児の年齢に対応した表を用いて評定します。

　カットスコアの表では、各領域別・因子別のスコアが、5パーセンタイル（5th%）以下か、6-10パーセンタイルか、11-15パーセンタイルか、16パーセンタイル以上かを確認できます。

　合計スコアが5パーセンタイルのカットスコア以上の場合は「5パーセンタイル以下」と評定します。5パーセンタイルのカットスコアと10パーセンタイルのカットスコアの間になる場合は「6-10パーセンタイル」と評定します。15パーセンタイルのカットスコア以下の場合は「16パーセンタイル以上」と評定します。

　たとえば、【感覚アセスメントシート】の「固有受容覚」の合計点が10点の場合は、5パーセンタイル（5th%）のカットスコア（9点）よりも高いので「5パーセンタイル以下」と評定します。これは、子どもを偏りの大きい順に並べたとき上位5パーセント以内に入るということを意味します。

　「固有受容覚」の合計点が7点だった場合は、5パーセンタイルのスコア（9点）と10パーセンタイルのスコア（6点）の間になるため、「6-10パーセンタイル」と評定します。

　【感覚+動作アセスメント】では、パーセンタイル値が小さいほど偏りが大きいことを示します。よって、各領域別、因子別のスコアが5パーセンタイル以下だと非常に偏りが大きいといえます。

　以上のやり方で、各領域別、因子別にスコアの偏りがあるか、どの程度偏りがあるかを評定します。ウェブサービスを用いた場合はこれらはすべて自動で計算され、計算結果に基づいたレーダーチャートや解説が表示されます。

　33、34ページのアセスメントシートをコピーして活用してください。QRコードを読み取るか下記URLからもダウンロードできます。ダウンロードの際は、内容・目次・著者情報欄の下にある「関連記事」からダウンロードページを開いてください。

 https://www.godo-shuppan.co.jp/book/b641387.html

感覚アセスメントシートの記入例

感覚アセスメントシートは以下のように記入しましょう。

名前（ 感動 花子 ）　学年（　　2 年）　記入日（2024 年 4 月 30 日）　記入者（　感覚 次郎 ）

白抜きのところに「まったくない」-0 点、「まれにある」-1 点、「ときどきある」-2 点、「しばしばある」-3 点、「いつもある」-4 点を記入する

	質問項目	固有受容覚	前庭覚	触覚	聴覚	視覚	嗅覚	口腔感覚	感覚探求	認知を使う過反応	身体感覚への低反応	過反応
1	授業中、1度でも席を立ったり、落ち着きなく頭や体を揺らしたりする		2						2			
2	授業中、椅子をうしろに傾けて座ったり、揺らしたりする		2						2			
3	鉛筆や、爪などをかむ癖がある			2					2			
4	授業中、いつも足をぶらぶらさせたり、もぞもぞ動かしたりしている	3							3			
5	（毎日／毎時間）貧乏ゆすりをしている	2							2			
6	授業中、机を指でたたいたりして音を鳴らすことがある			0					0			
7	周りで音がすると、集中できないことがある				4				4			
8	名前を呼ばれても気づかない／話しかけられても振り向かないことがある				3				3			
9	上履きを履きたがらないことがある			3					3			
10	1人で意味もなく飛び跳ねたり、ぐるぐる回っていることがある		0						0			
11	先生や友だちにベタベタすることがある			3					3			
12	友だちがぶつかったり押したりすると突然怒り出す			3					3			
13	教室内で、椅子や机によくぶつかる	2							2		2	
14	（熱い食べ物／冷たい食べ物）を食べたがらないことがある							0		0		
15	（熱い食べ物／冷たい食べ物）しか食べたがらないことがある							0		0		
16	給食時間になると、教室から出たり、鼻をつまんだりする						0			0		
17	怪我をしても痛がらない／怪我していることに気づかない			0						0		
18	体育館での集会を嫌がる				1					1		
19	特定の歌やフレーズ、曲を嫌う				0					0		
20	特定の声（大小・高低）が苦手で、苦手な声の人を嫌う				1					1		
21	記念写真などのとき、目を細めたり、顔を背けたりする					0				0		
22	物や、人の匂いを嗅ぐ						0			0		
23	何もないところで転ぶことがある	0									0	
24	うしろから触られても気づかないことがある			1							1	
25	鼻水やよだれがたれていても気づかないことがある			2							2	
26	トイレに行きたい感覚（尿意・便意）が、自分ではわからない			0							0	
27	粘土や糊を触ることを嫌がる			0								0
28	何もないのに、耳をふさぐことがある				0							0
29	プールで、顔を水につけることを怖がる（常に顔を覆っているなど）			2								2
30	大きな音（かけっこのときのホイッスルやピストル、太鼓の音など）を嫌がり、耳をふさぐ				0							0
31	ブランコなど、揺れる遊具を怖がる		0									0
32	突然目をふさいだり、目を細めたりすることがある					0						
33	鉄棒など、逆さになったりぶら下がったりする運動を怖がる		0									
34	（暑さ／寒さ）に弱い			3								
35	靴下や帽子を嫌がる			3								
36	高いところに上ったり、そこから飛び降りたりする		3									
37	先生や友達に触られると突然怒り出す			2								
38	給食中、ストローを嚙みつぶしている	3										
39	給食で、決まったものを残したり、よけて食べたりする							1				
40	少しでも手が汚れると洗いたがる／洗いに行く			2								
41	（面倒くさがるのではなく）せっけんで手を洗わないことがある			2								
42	ちょっとした怪我でも、かなり痛そうにする			0								
43	理科室や保健室、トイレの匂いを嫌がる						2					
44	夏でも長袖を着ている／冬でも半袖を着ている（薄着をしている）			2								
45	蛍光灯の光が苦手／電気を消したがる					1						
	合計	10	7	30	9	1	2	1	29	2	5	2

カットスコア

	固有受容覚	前庭覚	触覚	聴覚	視覚	嗅覚	口腔感覚	感覚探求	認知を使う過反応	身体感覚への低反応	過反応
5 パーセンタイル	9	11	19	8	3	3	4	28	6	5	5
10 パーセンタイル	6	8	12	6	2	2	3	21	3	3	3
15 パーセンタイル	5	6	8	5	1	1	2	16	1	2	2

カットスコアの評定［パーセンタイル］	<5	11-15	<5	<5	11-15	6-10	>16	<5	11-15	<5	11-15

メモ

アセスメント結果の例

　記入例のスコアからは以下のような子どもの状態を読み取ることができます。

　まず感覚領域ごとのスコアをチェックします。

　「固有受容覚」、「触覚」、「聴覚」の評定は5パーセンタイル以下になっています。これは、身体を動かす感覚、触られる感覚、周囲の音に対する反応などに偏りが大きいことを意味します。

　また、「嗅覚」のスコアが6-10パーセンタイルであることから、匂いの感覚にも反応の偏りが見られることがわかります。

　因子ごとのスコアをチェックすると、「感覚探求」、「身体感覚への低反応」のスコアの評定が5パーセンタイル以下になっています。感覚刺激を過度に求める傾向、自身の身体の感覚への気付きが弱い可能性があります。

動作アセスメントシート記入例

動作アセスメントシートは以下のように記入しましょう。

名前（ 感動 太郎 ）　学年（　　2 年）　記入日（2024 年 4 月 30 日）　記入者（ 感覚 次郎 ）

白抜きのところに「よくできる」-0 点、「できる」-1 点、「少し苦手である」-2 点、「苦手である」-3 点、「非常に苦手である」-4 点を記入する

	質問項目	書字	描画	手の動き	全身の両側運動	読字	口腔運動	姿勢	動きへの適応	書くスキル	スポーツスキル	両側動作と側性化	姿勢及び読字・口腔運動
1	細かい手の動き（ひも結び、はさみ）			3						3			
2	文字や数字をノートの枠内におさめて書く	4								4			
3	文字をなぞり書きする	3								3			
4	整った形の文字を書く	4								4			
5	漢字を書くとき、筆順に従いスムーズに書く	3								3			
6	筆圧の調節ができる	3								3			
7	字を書いているときの力加減ができる	3								3			
8	消しゴムで消したい字を上手く消す	2								2			
9	字を書くときにノートや紙を押さえる	2								2			
10	物を見て絵を描く（模写）		2							2			
11	人の絵を描く		2							2			
12	想像しながら絵を描く		2							2			
13	（動きの速さ、ぎこちなさ）スムーズな運動ができる								3		3		
14	ラジオ体操など身体全体を使う体操のまねができない								2		2		
15	相手から投げられたドッジボールを受け取る								4		4		
16	相手にボールを上手く投げる								4		4		
17	両足をそろえ、前方に両足跳びで進む				2						2	2	
18	走るとき、手のふりに左右差（ない場合 0 点か 1 点）								1		1		
19	「よーい、どん」のタイミングをつかむ								2		2		
20	速く走る								3		3		
21	握力（強い：0 点　～　弱い：4 点）				2						2		
22	雑巾をしぼる				2							2	
23	スプーンや箸を使う				2							2	
24	鉛筆やクレヨンを上手に持つ	2										2	
25	ボタン掛け			3								3	
26	洋服の脱ぎ着				1							1	
27	手足の右左の理解				1							1	
28	利き手の確立（利き手が決まっていれば 0 点または 1 点）				1							1	
29	両手・両足などを一緒に使う				3							3	
30	行飛ばしをしないで音読する					2							2
31	文字を読み飛ばさずに読むことができる					2							2
32	授業中、姿勢を保っておく（うつぶせになったり体が傾いたりしないか）							3					3
33	まっすぐ立っておく（だらりとしていないか）							2					2
34	はっきりと発音する（不明瞭な音がないか）						2						2
35	常に口を閉じておく						1						1
36	食事中、口から食べ物をこぼさずに食べる						2						2
37	自分の机の周りの整理整頓ができる							4					4
38	体育座り（体が傾かないか、手をついていないか）							2					
	合計	26	6	15	9	4	5	7	19	33	23	17	18

カットスコア

		書字	描画	手の動き	全身の両側運動	読字	口腔運動	姿勢	動きへの適応	書くスキル	スポーツスキル	両側動作と側性化	姿勢及び読字・口腔運動
6～8 歳	5 パーセンタイル	32	11	15	10	7	8	10	22	43	25	19	23
	10 パーセンタイル	28	10	13	8	6	7	9	19	36	21	15	21
	15 パーセンタイル	23	9	11	7	4	5	7	17	31	18	12	18
9～10 歳	5 パーセンタイル	29	11	11	8	6	7	10	17	38	20	14	21
	10 パーセンタイル	22	9	10	6	4	5	8	15	28	16	11	18
	15 パーセンタイル	17	7	9	5	4	4	7	13	23	14	10	14
11～12 歳	5 パーセンタイル	25	9	9	6	5	6	9	14	33	20	11	20
	10 パーセンタイル	19	7	9	5	3	4	7	12	26	16	10	15
	15 パーセンタイル	14	6	7	5	2	3	4	12	20	13	9	11

カットスコアの評定［パーセンタイル］

	書字	描画	手の動き	全身の両側運動	読字	口腔運動	姿勢	動きへの適応	書くスキル	スポーツスキル	両側動作と側性化	姿勢及び読字・口腔運動
6 歳～8 歳	11-15	>16	<5	6-10	11-15	11-15	11-15	6-10	11-15	6-10	6-10	11-15
9 歳～10 歳												
11～12 歳												

メモ

Part 1 【感覚＋動作アセスメント】使い方編

Part 2 【感覚＋動作アセスメント】解説編

解題 感覚処理と協調運動の問題

アセスメント結果の例

　記入例のスコアからは以下のような子どもの状態を読み取ることができます。

　まず動作領域ごとのスコアをチェックします。

　「手の動き」が5パーセンタイル以下であることから、そのスキルが明らかに低い可能性があります。

　「全身の両側運動」、「動きへの適応」のスコアが6-10パーセンタイルであることから、両側の手足の協調、自身の体全体をスムーズに動かすことや、動いている物体に対する適応のスキルが低い可能性があります。

　因子ごとのスコアをチェックすると「スポーツスキル」、「両側動作と側性化」が6-10パーセンタイルであることから、スポーツや両側の手足を協調して行う動作のスキルが低い可能性がうかがえます。

感覚アセスメントシート

名前（　　　　　　　　）　学年（　　　　年）　記入日（　　　年　　　月　　　日）　記入者（　　　　　　　　）

白抜きのところに「まったくない」-0点、「まれにある」-1点、「ときどきある」-2点、「しばしばある」-3点、「いつもある」-4点を記入する

	質　問　項　目	固有受容覚	前庭覚	触覚	聴覚	視覚	嗅覚	口腔感覚		感覚探求	認知を伴う過反応	身体感覚への低反応	過反応
1	授業中、1度でも席を立ったり、落ち着きなく頭や体を揺らしたりする												
2	授業中、椅子をうしろに傾けて座ったり、揺らしたりする												
3	鉛筆や、爪などをかむ癖がある												
4	授業中、いつも足をぶらぶらさせたり、もぞもぞ動かしたりしている												
5	（毎日／毎時間）貧乏ゆすりをしている												
6	授業中、机を指でたたいたりして音を鳴らすことがある												
7	周りで音がすると、集中できないことがある												
8	名前を呼ばれても気づかない／話しかけられても振り向かないことがある												
9	上履きを履きたがらないことがある												
10	1人で意味もなく飛び跳ねたり、ぐるぐる回っていることがある												
11	先生や友だちにベタベタすることがある												
12	友だちがぶつかったり押したりすると突然怒り出す												
13	教室内で、椅子や机によくぶつかる												
14	（熱い食べ物／冷たい食べ物）を食べたがらないことがある												
15	（熱い食べ物／冷たい食べ物）しか食べたがらないことがある												
16	給食時間になると、教室から出たり、鼻をつまんだりする												
17	怪我をしても痛がらない／怪我していることに気づかない												
18	体育館での集会を嫌がる												
19	特定の歌やフレーズ、曲を嫌う												
20	特定の声（大小・高低）が苦手で、苦手な声の人を嫌う												
21	記念写真などのとき、目を細めたり、顔を背けたりする												
22	物や、人の匂いを嗅ぐ												
23	何もないところで転ぶことがある												
24	うしろから触られても気づかないことがある												
25	鼻水やよだれがたれていても気づかないことがある												
26	トイレに行きたい感覚（尿意・便意）が、自分ではわからない												
27	粘土や糊を触ることを嫌がる												
28	何もないのに、耳をふさぐことがある												
29	プールで、顔を水につけることを怖がる（常に顔を覆っているなど）												
30	大きな音（かけっこのときのホイッスルやピストル、太鼓の音など）を嫌がり、耳をふさぐ												
31	ブランコなど、揺れる遊具を怖がる												
32	突然目をふさいだり、目を細めたりすることがある												
33	鉄棒など、逆さになったりぶら下がったりする運動を怖がる												
34	（暑さ／寒さ）に弱い												
35	靴下や帽子を嫌がる												
36	高いところに上ったり、そこから飛び降りたりする												
37	先生や友達に触られると突然怒り出す												
38	給食中、ストローを嚙みつぶしている												
39	給食で、決まったものを残したり、よけて食べたりする												
40	少しでも手が汚れると洗いたがる／洗いに行く												
41	（面倒くさがるのではなく）せっけんで手を洗わないことがある												
42	ちょっとした怪我でも、かなり痛そうにする												
43	理科室や保健室、トイレの匂いを嫌がる												
44	夏でも長袖を着ている／冬でも半袖を着ている（薄着をしている）												
45	蛍光灯の光が苦手／電気を消したがる												
	合計												

カットスコア

	固有受容覚	前庭覚	触覚	聴覚	視覚	嗅覚	口腔感覚	感覚探求	認知を伴う過反応	身体感覚への低反応	過反応
5パーセンタイル	9	11	19	8	3	3	4	28	6	5	5
10パーセンタイル	6	8	12	6	2	2	3	21	3	3	3
15パーセンタイル	5	6	8	5	1	1	2	16	1	2	2

カットスコアの評定［パーセンタイル］

メモ

© 岩永竜一郎

動作アセスメントシート

名前（　　　　　　　）　学年（　　　年）　記入日（　　　年　　月　　日）　記入者（　　　　　　　）

白抜きのところに「よくできる」-0点、「できる」-1点、「少し苦手である」-2点、「苦手である」-3点、「非常に苦手である」-4点を記入する

	質　問　項　目	書字	描画	手の動き	全身の両側運動	読字	口腔運動	姿勢	動きへの適応	書くスキル	スポーツスキル	両側動作と側性化	姿勢及び読字・口腔運動
1	細かい手の動き（ひも結び、はさみ）												
2	文字や数字をノートの枠内におさめて書く												
3	文字をなぞり書きする												
4	整った形の文字を書く												
5	漢字を書くとき、筆順に従いスムーズに書く												
6	筆圧の調節ができる												
7	字を書いているときの力加減ができる												
8	消しゴムで消したい字を上手く消す												
9	字を書くときにノートや紙を押さえる												
10	物を見て絵を描く（模写）												
11	人の絵を描く												
12	想像しながら絵を描く												
13	（動きの速さ、ぎこちなさ）スムーズな運動ができる												
14	ラジオ体操など身体全体を使う体操のまねができない												
15	相手から投げられたドッジボールを受け取る												
16	相手にボールを上手く投げる												
17	両足をそろえ、前方に両足跳びで進む												
18	走るとき、手のふりに左右差（ない場合0点か1点）												
19	「よーい、どん」のタイミングをつかむ												
20	速く走る												
21	握力（強い：0点　〜　弱い：4点）												
22	雑巾をしぼる												
23	スプーンや箸を使う												
24	鉛筆やクレヨンを上手に持つ												
25	ボタン掛け												
26	洋服の脱ぎ着												
27	手足の右左の理解												
28	利き手の確立（利き手が決まっていれば0点または1点）												
29	両手・両足などを一緒に使う												
30	行飛ばしをしないで音読する												
31	文字を読み飛ばさずに読むことができる												
32	授業中、姿勢を保っておく（うつぶせになったり体が傾いたりしないか）												
33	まっすぐ立っておく（だらりとしていないか）												
34	はっきりと発音する（不明瞭な音がないか）												
35	常に口を閉じておく												
36	食事中、口から食べ物をこぼさずに食べる												
37	自分の机の周りの整理整頓ができる												
38	体育座り（体が傾かないか、手をついていないか）												
	合計												

カットスコア

		書字	描画	手の動き	全身の両側運動	読字	口腔運動	姿勢	動きへの適応	書くスキル	スポーツスキル	両側動作と側性化	姿勢及び読字・口腔運動
6～8歳	5パーセンタイル	32	11	15	10	7	8	10	22	43	25	19	23
	10パーセンタイル	28	10	13	8	6	7	9	19	36	21	15	21
	15パーセンタイル	23	9	11	7	4	5	7	17	31	18	12	18
9～10歳	5パーセンタイル	29	11	11	8	6	7	10	17	38	20	14	21
	10パーセンタイル	22	9	10	6	4	5	8	15	28	16	11	18
	15パーセンタイル	17	7	9	5	4	4	7	13	23	14	10	14
11～12歳	5パーセンタイル	25	9	11	6	5	6	9	17	33	20	11	20
	10パーセンタイル	19	7	9	5	3	4	7	14	26	16	10	15
	15パーセンタイル	14	6	7	5	2	3	4	12	20	13	9	11

カットスコアの評定［パーセンタイル］

	書字	描画	手の動き	全身の両側運動	読字	口腔運動	姿勢	動きへの適応	書くスキル	スポーツスキル	両側動作と側性化	姿勢及び読字・口腔運動
6歳～8歳												
9歳～10歳												
11～12歳												

メモ

Part 2

【感覚+動作アセスメント】
解説編

【感覚＋動作アセスメント】による評価と活用事例

 ## いつも頭や体をゆらゆらさせているAさん

対象	Aさん、女児、5年生（11歳）
診断	自閉スペクトラム症
評定者	担任の教師

問題が見られた項目

① 感覚面に関する質問への回答（「いつも」、「しばしば」の回答があった項目）

・授業中、1度でも席を立ったり、落ち着きなく頭や体を揺らしたりする

・授業中、椅子をうしろに傾けて座ったり、揺らしたりする

・鉛筆や、爪などをかむ癖がある

・授業中、いつも足をぶらぶらさせたり、もぞもぞ動かしたりしている

・先生や友だちにベタベタすることがある

・特定の声（大小・高低）が苦手で、苦手な声の人を嫌う

・突然目をふさいだり、目を細めたりすることがある

・（暑さ／寒さ）に弱い

・靴下や帽子を嫌がる

・理科室や保健室、トイレの匂いを嫌がる

② 動作面に関する質問への回答（「苦手である」、「非常に苦手である」の回答があった項目）

・筆圧の調節ができる

・字を書いているときの力加減ができる

・消しゴムで消したい字を上手く消す

・字を書くときにノートや紙を押さえる

・想像しながら絵を描く

・ラジオ体操など身体全体を使う体操のまねができない

・スプーンや箸を使う

・鉛筆やクレヨンを上手に持つ

・ボタン掛け

・両手・両足などを一緒に使う

・文字を読み飛ばさずに読むことができる

・授業中、姿勢を保っておく（うつぶせになったり体が傾いたりしないか）

Aさんの評価結果（一部）

感覚面の結果

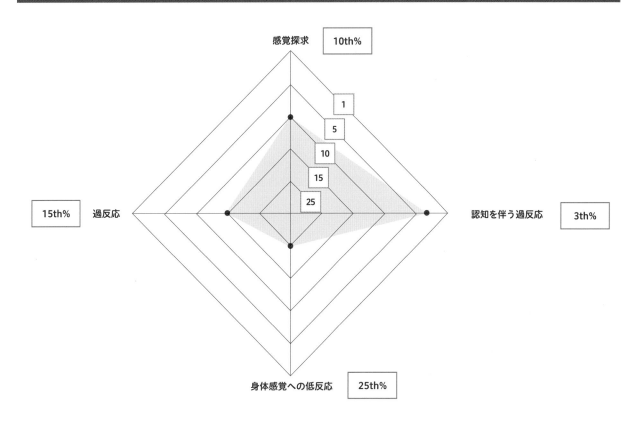

●認知を伴う過反応について

　感覚刺激への不快反応が顕著に見られます。特定の感覚刺激が耐えられない場合、無理に我慢させようとせず、対応策を考える必要があります。

　まず、不快な聴覚刺激をなくしたり、遠ざけたりすることができないか検討します。感覚刺激のみでなく、不快な刺激を発する人や状況などに対しても不安がないか確認する必要があるでしょう。特定の人の声が嫌な場合は、その人との距離を取らせることを検討したり、一緒に活動する人の組み合わせを検討したりする必要があります。

●感覚探求について

　感覚刺激を過剰に求める行動が見られます。自分自身を抑えることが苦手で身体的多動や衝動的行動をとりやすいでしょう。動きの抑制が苦手で、動きの中で固有受容覚、深部感覚などの感覚を過剰に取り入れる行動があるようです。

　授業中に動く機会を作ってみるとよいかもしれません。教室の後ろに答えを貼って、そこまで答え合わせに行くことや、教師のところまで答え合わせのために歩いていく機会を作ってもよいでしょう。

　他の人に自分から過度に触ることがあるようです。情緒面が未熟だったり、不安定だった

りしないか確認しましょう。社会的に受け入れられやすい接触を教えたり、公共の場で他の人に触りすぎないように教えていく必要があります。他の人に触る上に圧迫刺激を好む子どもには、圧迫を加えながらのマッサージをすると行動が落ち着くことがあります。

運動面の結果

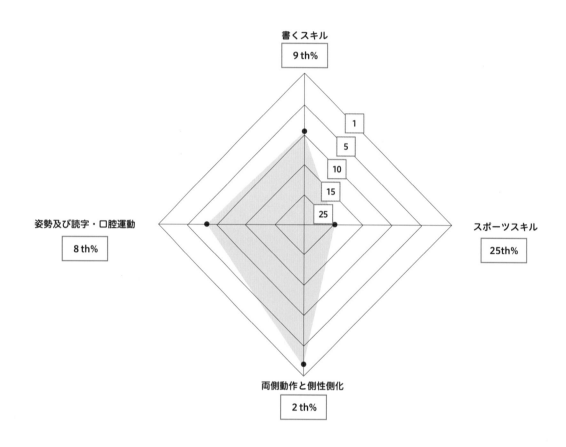

●両側動作と側性化について

　左右の手足を協調させて動かすことや、利き手の発達を反映するスキルに明らかな困難が見られます。スプーンを持ちやすくするグリップの工夫、箸を持ちやすくするためのホルダーなどの活用を検討します。

　三角鉛筆、太い鉛筆などが持ちやすいことがあります。鉛筆ホルダーを数種類試してみて、合うものを見つけるとよいでしょう。鉛筆の保持を支援する補助具や鉛筆を保持する指の位置を教えるためのグリップなど、さまざまなものがあるので複数試してみてください。

　大きいボタンや穴で、ボタンのはめ方の練習をしてみましょう。貯金箱にコインを入れる活動や、目を閉じるなど見えない状態にしてコインやクリップを左右で持ちかえる活動もよいトレーニングです。両手のみ、両足のみ、それぞれを練習して、最後に組み合わせるとよいでしょう。もしくはゆっくりと両手足の同時動作を反復練習します。

●**姿勢及び読字・口腔運動について**

　姿勢の問題や読字・口腔運動の問題が見られます。これらの運動スキルを高めるための指導を加えたり、苦手さを支援したりする工夫が必要となります。

　指で文字を追って読むようにしたり、定規を当てて読むようにする工夫を教えましょう。1〜2行だけ文字の行が見える穴あきシートを活用するのもよいでしょう。

　椅子にすべり止めマットを敷くと臀部のずれが防げます。背もたれをなくしたり、バルーン椅子を使ったりすると姿勢が保ちやすくなることがあります。また、授業中に立ち上がったり、動く機会を作ったりすると、その後の姿勢がよくなることがあります。普段から、体のバランスを育てる活動をするとよいでしょう。

2 感覚面の特性の理解と支援

　感覚刺激への反応の偏りとその問題への対応について、いくつかの対応例とイラストで説明します。【感覚＋動作アセスメント】の結果表示とこの本の解説を合わせて支援に活用してください。
　あくまで対応の例ですので、実際にはここに挙げた例以外の対応方法が必要なこともあります。

過敏反応が目立つ場合の対応

①揺れ、動き、高さへの過敏

●困りごと
・ブランコを嫌がる
・すべり台などに登れない

自分でブランコを揺らすことからはじめる

●対応法
・自分でブランコを揺らすことからはじめ、慣れてきたら少しずつ他動的に揺らされることを体験していくとよいでしょう。
・スモールステップで揺れ刺激を体験してもらいます。揺れに酔いやすい場合は無理をしてはいけません。
・少しずつ高いところに登る遊びを取り入れるようにしましょう。

②触覚過敏

●困りごと
・セーターやアクリルなどの素材の服を嫌がる
・帽子をすぐに脱いでしまう
・頭をなでられるなどのスキンシップを嫌がる
・後ろから触られることを嫌がる
・上履きを履きたがらないことがある
・検診などで触られることを嫌がる
・歯医者を嫌がる
・ねん土などベタベタしたものを触ることを嫌がる

●対応法
・服の素材が大丈夫かどうか、子ども自身に確認

後ろから触られることを嫌がる

させましょう。

・触られるのが苦手なことを他の子どもたちにも説明しておきましょう。

・後ろから急に触らず、前に回り込んでから話しかけるような配慮が必要です。

・指定した制服の感触が苦手な場合、それと似たデザインの別素材の服を着ることを許容することも検討しましょう。

・子どもが靴下、靴などを脱ぐ場合、足の裏に冷たいものが触れていたり、適度な感覚刺激が入っていた方が落ち着いていられることがあります。そのような場合、人工芝を足元に敷いて足の裏で触れるようにすると落ち着くことがあります。

・歯科治療を嫌がる場合は、小児専門の歯科医に相談し、子どもが受け入れやすい歯科治療を計画するとよいでしょう。たとえば、「はっするでんたー」（http://www.hustledentor.com/）は、治療の流れをiPad上で画像で見せたり、治療の残り時間をタイマーで示したりと、見通しが持てない子どもにも対応しています。

・ベタベタしたものを触ることを嫌がる子どもには、触覚以外に注意をそらす支援が有効なことがあります。たとえば、クッキーづくりで味や形に注意が向くことでクッキー生地を触れるようになることがあります。

前に回り込んで話しかける

治療の流れを iPad 上で画像で見せる

③温度、湿度などへの過敏

●困りごと

・暑さが耐えられずぐったりとなる

・湿気でイライラする

●対応法

・暑さに弱い体質であることを周囲の人が理解することが必要です。

・暑さに耐えきれないときは、冷房を積極的に使うことを検討しましょう。

・アイスノンなどの保冷効果のあるものを使うことも対応策の一つです。

冷房を積極的に使う

④聴覚過敏

●困りごと
・運動会のピストルの音が耐えられない
・非常ベルを聞いてパニックになる
・騒々しい教室ではイライラする
・音楽の時間に他の子が出す音が耐えられない
・体育館での集会を嫌がる
・周りで音がすると、集中できない
・特定の歌やフレーズ、曲、特定の人の声を嫌う

他の子が出す音が耐えられない

●対応法
・避難訓練のときには無理に非常ベルを聞かせるのではなく、その最中は、音を避けられるような工夫を検討しましょう。
・運動会のピストルの音が耐えられない場合、スタートのサインを旗などに変える配慮が必要です。
・耳栓、イヤーマフなどの不快音を制御する道具を用意しておき、子どもの反応特性に応じて、活用するとよいでしょう。
・ノイズキャンセリングヘッドフォンも選択肢の一つです。騒音の軽減には効果的でエアコンの音や車の走行中の音は軽減できます。ただし、人の声や急に鳴る音はシャットアウトできないので、不快な音の種類によっては効果がないことがあります。
・騒々しいときは部屋の外に出ることを許容することも一つの方法です。
・他の生徒との距離を取らせる対応（別教室など）が必要です。
・別教室で一人で楽器の練習をする方が、集団の中でするよりもリラックスすることがあります。
・集会などでは見通しが持てるようにスケジュール提示をすると過剰反応が起こりにくくなることがあります。
・教室では、不要な刺激が入らないような工夫が必要です。個別学習の場面では、机の周りにパーテーションを立てて周囲からの刺激が入らないようにします。
・周囲の人に過敏性があることを理解してもらうことが必要です。

スタートのサインを旗などに変える

別教室で一人で楽器の練習をする

⑤視覚過敏

●困りごと

・光をまぶしがる
・黒板の文字がよく見えない
・記念写真などのとき目をつむる
・蛍光灯やLEDの光を嫌がる

●対応法

・本人に合う色付きグラスを使うとまぶしさが軽減したり、物が見えやすくなったり、情緒が安定したりすることがあります。
・暗い場所に行くことを教え、必要に応じてそこに行くことを許容する方法が合う子どもがいます。
・光が当たらない席に座席を配置します。窓際の日光が当たる席や黒板が光の反射で見えにくくなる席は避けましょう。
・記念撮影などのときのフラッシュに周囲が配慮する必要があります。
・蛍光灯やLEDにカバーをかぶせて光が直接子どもの目に当たらないようにしたり、間接照明にしたり、白熱灯に変えたりする配慮が有効なことがあります。

黒板の文字がよく見えない

光が当たらない席に座席を配置する

⑥嗅覚過敏

●困りごと

・部屋が臭くて苦しい
・他の人の香水や整髪料の匂いが耐えられない
・給食の匂いを嫌がる

●対応法

・換気がよいところに座るように配慮します。
・マスクにアロマをつけることで、匂いがある環境でも過ごせることがあります。
・理科の実験室などが耐えられなければ、部屋の外に出ることを許容することも検討すべきかもしれません。

マスクにアロマをつける

・匂いがきつい場合、集団活動から離れて活動する方法を考えた方がよいことがあります。
・子どもが気にするようであれば接する人は香水をつけることを控えるようにしましょう。
・カビ臭い部屋などきつい匂いがする場を避けるようにします。
・給食室、トイレに近い部屋を避けることが必要なケースもあります。

⑦口腔感覚過敏

●困りごと
・味覚、触感の特異性によって食べられない
・熱いものや冷たいものを食べたがらないことがある

●対応法
・無理は禁物です。給食などは食べられる量まで少なくすることを検討した方がよいことがあります。
・子どもの好みに合わせ、食べ物の温度の調整が必要なことがあります。
・自宅で食べられないもの、保育園・学校などで食べられなかったものなどを確認します。以前食べられていたけれど食べられなくなったもの、以前は食べられなかったけれども食べられるようになったものがあれば、その内容、きっかけなども確認する必要があります。
・感覚の問題がある子どもの偏食指導は慎重に対応する必要があります。

食べられないものを確認する

低反応が目立つ場合への対応

①動きへの低反応

●困りごと

・回転しても目が回らない

●対応法

・自閉スペクトラム症のある子どもの中に、回転しても目が回らない子どもが多くいます。遊びの中で大人が揺れや回転の刺激を与える際に、子どもにジェスチャーや発語でそれらを要求してもらうようにすると、対人関係やコミュニケーションスキルの発達を促すことにつながります。

回転しても目が回らない

②体の感覚刺激への低反応

●困りごと

・触られても気づかない
・教室内で、椅子や机によくぶつかる
・鼻水やよだれがたれていても気づかないことがある
・トイレに行きたい感覚（尿意・便意）が、自分ではわからない

●対応法

・呼びかけてから触るようにします。
・狭いところをくぐり抜ける活動は自分の身体への注意や、身体図式の発達を促進する活動になるので、アスレチック遊具での遊びなどはよい活動になることがあります。
・自分自身の身体に注意が向くように周囲の人の声掛けができるとよいでしょう。たとえば「口の周りを確認してください」などと声掛けしたり、尿意や便意がなくてもトイレに行かせるなどの対応が必要となることがあります（膨満感が認識できない神経学的な疾患がないことが前提です）。

マコトくん、そろそろトイレの時間です。

周囲の声掛け

③痛みへの低反応

●困りごと

・手や身体の他の部分が、ものにぶつかっても気づかない

●対応法

・周囲の人に対して危険がないようにする配慮をしておく必要があります。
・活動の前に自分の手や足に注意を向けるよう促すとよいでしょう。

ものにぶつかっても気づかない

④温度への低反応

●困りごと

・暑いのに気づかない

●対応法

・自分の感覚で暑いことを認識できないことがあるため、自覚がないままに熱中症になる子どもがいます。天気予報で気温をチェックするなど、外的な情報を参照する練習をするとよいでしょう。
・気温に応じて、どのような服を着たらよいのか、どのような場所で過ごすべきかを教えておくことが必要です。
・体温を測る習慣を身につけることも一つの対策です。

体温を測る習慣を身につける

⑤聴覚刺激への低反応

●困りごと

・呼ばれても気づかない
・大勢の中で話しかけられても注意を向けない

●対応法

・呼びかけに対する反応が弱い場合、遊びなどの関わりを通して、人に対する子どもの興味を高め、注意が向くように促します。
・集中を高めるため、静かなところで話しかけるようにすることも大切です。
・他に注意を奪うものがないところで話しかけるように配慮します。

大勢の中で話しかけられても注意を向けない

感覚探求への対応

①動きの刺激を求める

●困りごと

・飛び跳ねたり、ぐるぐる回ったりする

・落ち着きなく頭や体を揺らしたりする

・椅子をうしろに傾けて座ったり、揺らしたりする

・体のあちこちを触る

・いつも足をぶらぶらさせたり、もぞもぞ動かしたりしている

・授業中、机を指でたたいたりして音を鳴らすことがある

足をぶらぶらさせる

●対応法

・授業中に動く機会を作るとその後、しばらく落ち着いて授業を受けられることがあります。教室の後ろに答えを貼って、そこまで答え合わせに行くことや、教師のところまで答え合わせのために歩いていく機会を多く作ることも考えられる対策です。

・体を動かしていた方が集中できそうであれば、授業中に目立たない方法で手を動かせるように工夫するとよいかもしれません。たとえば、ねり消しゴムを机の下で触る、椅子の裏側に人工芝を貼ってそれを触るなどをすると、手の動きがおさまることがあります。

・身体の深部感覚や回転刺激を好むことがあります。その場合、休み時間にトランポリンやスイングでの刺激を楽しむ時間を作るとその後、落ち着きやすくなることがあります。

ねり消しゴムを机の下で触る

②登ったり、飛び降りたりする刺激を求める

●困りごと

・高いところに登りたがる

・高いところから飛び降りるなどの危険な行動をする

●対応法

・動きの感覚をより強く求める傾向があるかもしれません。その場合、日常の中でより動きがある活動を体験できるようにした方がよいことがあります。

・激しい遊びをやめるように注意しても聞き入れない場合は、ある程度満足するまで動きのある遊びをさせてから、次の指示を出した方がうまくいくことがあります。

・家庭と協力しながら、公園の大型遊具、アスレチックなどを使った遊びを多く経験させるようにするとよいかもしれません。

高いところから飛び降りる

③触覚刺激を求める

●困りごと

・砂や泥を触るのを好む
・水遊びを好む

●対応法

・ある程度の感覚遊びは子どもの発達において重要です。砂遊びや水遊びに大人が関わり、ごっこ遊びにつなげたり、カップなどの道具を使ったりするなど、感覚遊びの中に認知的要素を増やすように働きかけるとよいでしょう。

・あまりにも長時間砂遊びや泥遊び、水遊びに没頭するようであれば、活動時間の区切りを教えることも必要です。

感覚遊びに大人が関わる

④人に触る

●困りごと

・先生や友だちにくっつくことがある

●対応法

・過度に接触する子どもには、社会的に受け入れられやすい接触のしかたを教えたり、公共の場で他の人に触りすぎないように教えていく必要があります。情緒面が未熟だったり、不安定だったりしないかも確認する必要があります。

・過度に他の人に触る上に圧迫刺激を好む子ども

友だちに過度に接触する

には、圧迫を加えながらのマッサージをすると行動が落ち着くことがあります。

⑤自分を傷つけるような刺激を求める

●困りごと

・自分を痛めつけるようなことをする（頭をぶつける、自分をたたくなど）

●対応法

・ストレスが溜まっていないか、不安やイライラなどがないか確認する必要があります。

・自傷行為によって、他の人の気を引こうとしていないかも確認します。気を引こうとする行為の場合は、自傷行為が見られない時間に親や教師が一緒に遊んだりするなど、積極的に子どもと関わり満足感を与えることが必要なことがあります。

・自己刺激的行動として自分を痛めつけるような行動をしている場合は、トランポリン、屋外活動など十分な身体刺激が得られる活動を取り入れた方がよいことがあります。

・極度の自傷行為が見られる場合、マッサージャー（肩こりに使う強力な振動のもの）などを使うことで一時的に収まることがあります。

・リストカットのような自傷行為がある場合、心理専門家や精神科医に相談してください。

自分をたたく

⑥匂いを嗅ぐ

●困りごと

・人や物の匂いを嗅ぐ

●対応法

・匂いを嗅ぐときは人前ではないところで嗅ぐ、人の匂いを嗅がないなどの社会的スキルを教えることが必要でしょう。

・香り消しゴムなどを使って社会的に受け入れられる感覚探求行動に切り替えられるようにするとよいでしょう。

・調理をやってもらうなど、匂いを感じながら、匂い以外のことに集中できるような活動を生活の中に組むこともよいでしょう。

香り消しゴムを嗅ぐ

Part 1 【感覚＋動作アセスメント】使い方編

Part 2 【感覚＋動作アセスメント】解説編

解題 感覚処理と協調運動の問題

⑦ものを口に持っていく

●困りごと

・食べ物でないものを口に持っていく、噛む

●対応法

・食べ物でないものを口に持っていく場合、口に持っていかず見たり触ったりしているときにほめて、口に持っていかないときの行動を強化するとよいでしょう。授業中にものを口に持っていく場合には、課題などを楽しめるように工夫して、それに注意を向けるように促すことも必要です。

❶カラープラスチックパイプ

・子どもによっては、ものを噛んでいないと活動ができない場合もあります。口にものをもっていかないように指示しても行動が抑制できない子どももいます。そのような場合、噛んでもよいグッズを使い、噛む代用品を与える対応策もあります。たとえば、「カラープラスチックパイプ」（❶）、「Qキャップ」（❷）など噛んでも安全なグッズを利用します。

❷Ｑキャップ

・口にものを持っていく子どもが、リコーダーなど口を使う楽器をはじめると意欲的に取り組めることがあります。

3 動作面の特性の理解と支援

　協調運動面の問題への対応についていくつかの対応例とイラストや写真で説明します。【感覚＋動作アセスメント】の結果表示とこの本の解説を合わせて支援に活用してください。

　あくまで対応の例ですので、実際にはここに挙げた例以外の対応方法が必要なこともあります。

①書くスキル

●困りごと

・文字が整わない

・文字が枠からはみ出す

・線がまっすぐ書けない

・筆圧の調節ができない

・消しゴムで消すときの力加減ができない

・絵が上手く描けない

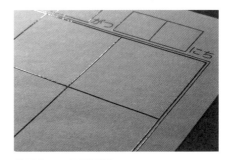

❸凹凸マス目練習帳

●対応法

・文字の練習は子どもの苦手意識が強まらないようにします。マグネットボードなどを使って、失敗したり、きれいに書けなかったとしても気にならないようにして練習してもらうとよいでしょう。

・書字の練習をする際には、机の上を片づけて、注意を削ぐものを減らし、落ち着いて文字を書くことだけに集中できる状況を作ります。

・文字を書いてもらうときにはマス目がついた用紙を使うとよいでしょう。マス目の枠が盛り上がっている「凹凸マス目練習帳」（❸）を使うと枠を意識して書くことが増えるでしょう。

・紙やすりを下敷きにしたり、「魔法のザラザラ下じき」（❹）を使ったりすると適度な抵抗感があり、運筆のコントロールが苦手な子どもも書きやすくなります。

・机上では、紙を利き手でない方の手で押さえることを促します。紙の押さえが弱い場合、すべり止め用のシート（例：「Qデスクシート」❺）を使ってみるとよいでしょう。

・三角鉛筆、太い鉛筆などが持ちやすい子どもも

❹魔法のザラザラ下じき

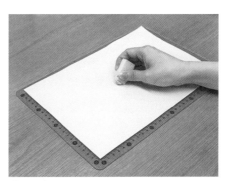

❺Qデスクシート

います。「鉛筆ホルダー」（❻）を数種類試してみて、合うものを見つけるとよいでしょう。

・絵を描く際、絵に表れるべきパーツが少なかったり、絵が未熟だったりする場合は、視覚認知機能*を詳しくアセスメントして機能に遅れがないかも確認することも必要です。

❻鉛筆ホルダー（Q ホルダー）

・何を描いたらよいのか想像することが苦手な子どもには、見本を見せたり、部分的に描いてあげたりする（たとえば、人物画の描写の際に片方の腕を描いておく）と描きやすくなることがあります。

・消しゴムで消すときに力のコントロールができない子どもには、すべり止め用のシート（51ページ）を紙の下に敷くと消しやすくなります。「電動式の消しゴム」（❼）は細かいところも消すことができるので、必要に応じて使ってみるとよいでしょう。

❼電動式の消しゴム（電動消しゴム RBE300）

*視覚認知機能……外界の視覚情報を取り入れ、その形態、空間位置関係、動きなどを認識する機能。

②ボールを使ったスキル

●困りごと
・ボールをキャッチできない
・ボールをうまく投げられない

●対応法
・球技が苦手な場合、個別でボールの扱いを教えます。大人が相手になり、大きなボールを使って、ゆっくり投げたボールを受け取るなど、スモールステップで成功体験を重ねていきます。

・キャッチが苦手な場合、お手玉や空気が抜けた跳ねないボールなどを使った方が失敗が少なくなります。

・最初は正しい投げ方を教えるよりも、どんな投げ方でもボールを目標まで届かせることを意識させましょう。ボールを当てる目標を用意し、そこに当てる練習をします。

・ある程度投げられるようになってきたら、つぎは大人が子どもの上からボールを渡し、そこから

狭い台の上に左足を前に出して投げる

左側に的を置いて投げる

上手投げでボールを投げる練習をします。右利きの子どもの場合、左足を前に出して投げる練習をします。狭い台の上に左足を前に出して立ってもらい、左側に的を置いて投げるとフォームを覚えやすくなります。
・ボールを投げるタイミングが合わない子どもには、重めのボールを使った方が上手く投げられることがあります。

③体操やダンス

●困りごと

・ラジオ体操など身体全体を使う体操のまねができない
・ダンスなどを見よう見まねですることができない

●対応法

・やるべき動き、体操などを一度覚えてしまうとやり方がスムーズになることがあります。丁寧にやり方の順番などを教えて覚えさせましょう。
・体育などで新たな運動を学習する際には、あらかじめやり方を教えておきます。
・体操やダンスの予習をしてもらうと動きの見通しが持て、本人の自信につながります。

体操の予習をする

④手先の動作

●困りごと

・ひも結びが苦手
・ボタンをスムーズにはめられない
・はさみで紙を切るのが苦手
・利き手が決まらない
・雑巾をしぼるのが苦手

●対応法

・ひも結びが苦手な場合は、左右のひもの色を変えると結び方がわかりやすくなることがあります。
・左右の靴ひもをわっかにした状態でひもを持つ位置を教え、結ぶ動作をさせてみましょう。普段

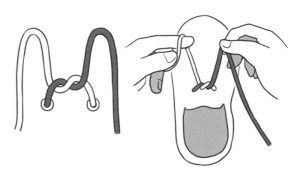

左右の色が違うひもを使い結ぶ動作をさせる

から、タオルやハンカチを使って単純な結び方を練習しておくとよいでしょう。どうしても靴ひもを結ぶことが難しい場合は、ダイヤルを回すと締まる靴やマジックテープの靴を使うとよいでしょう（❽）。

・はさみは1回切り（連続ではなく1回ずつ切ること）から教えるとよいでしょう。

・はさみの取っ手の内側と指のすき間を埋めるように取っ手の部分にビニールテープを巻いて、すき間がなくなるようにすると開きやすくなります（❾）。

・はじめは、「ばね付きばさみ」（❿）を使う方法もあります。ばね付きばさみは自動的に開くため、はさみを開く動作が困難な子どもには使いやすくなります。

・利き手がはっきりしない、もしくは家族と異なる場合、運動の左右差がないか、他の場面でも確認する必要があります。積み木の扱い、ドミノの扱いなど、普段やらない手の動作で潜在的な利き手を捉えるとよいでしょう。潜在的な利き手がわからないときは、とりあえず箸や鉛筆などは子どもの右側において置き、右手で持ちやすいようにするとよいでしょう。利き手の無理な矯正はやめましょう。

・スプーンや箸が上手く使えない場合、「スプーンを持ちやすくするグリップ」（⓫）の工夫、箸を持ちやすくするためのホルダーなどの活用を検討します。

・皿の縁が立ち上がっている「すくい易いお皿」（⓬）が販売されています。

　スプーンですくう動作や箸でつまむ動作が上手くできない子どもは、このような皿を使うとすくいやすくなります。

・箸が上手く使えない子どもは、
　①1本の箸を親指、人差し指、中指の3本でつまんで使う練習
　②麺など箸の開閉が必要でない食べ物を2本の箸で食べる練習

❽ダイヤルを回すと締まる靴（ダイヤル DRIVE）

❾取っ手にビニールテープを巻いたはさみ

❿ばね付きばさみ（きっちょん）

⓫スプーンを持ちやすくするグリップ（くるくるグリップ）

③崩れにくい少し硬めの物（チキンなど）を2本の箸でつかむ練習

とつなげるとよいでしょう。すべりやすい箸よりも割り箸のように引っ掛かりが得やすい箸がおすすめです。

・ボタン掛けは、大きく厚いボタンと大きなボタン穴で練習するとよいでしょう。まずは、パジャマなどで練習するとよいでしょう。大人がボタン穴を広げて保持し、そこに子どもがボタンを入れ、穴を抜けたボタンを子どもがつかむ練習をします。最初のころは失敗しないように、大人がボタンを少し支えてあげます。

・ボタン掛けの要領をつかむために、ビーズにひもを通す遊びがあります。この場合、ひもの端が出やすい薄いビーズからはじめ、徐々に厚いビーズの練習に切り替えていくとよいでしょう。

・貯金箱にコインを入れる活動や、目を閉じて見えない状態にして小さなコインやクリップを左右で持ち変える活動も手先の動作の練習になります。

・雑巾を十分絞れないのは両手に同時に力を入れて協調させることが苦手なせいかもしれません。握力や腕全体の筋力を高めることも課題となります。

⑫すくい易いお皿

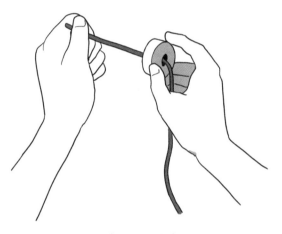

ビーズにひもを通す

Part 1 【感覚＋動作アセスメント】使い方編

Part 2 【感覚＋動作アセスメント】解説編

解題　感覚処理と協調運動の問題

⑤全身の両側運動

●困りごと

・洋服の脱ぎ着が苦手
・両手・両足を協調させたダンス、体操が苦手
・走るときに手の振りに左右差がある

●対応法

・服を着る手順をくり返しわかりやすく示すことが必要です。服の形がよくわかるように最初に床に広げてから着替えをはじめるようにします。服の前後がわかりにくい場合は、裾の後ろか前に印をつけておくとわかりやすくなります。

・体の後ろで左右の手に持っているものを持ち変える練習しておくとよいでしょう。

・気が散って着替えに時間がかかる場合は、囲いを作って周囲が見えないようにして着替えさせます。また、残り時間が見えるタイマーを見せたりする方法があります。

・服の脱ぎ着が苦手な子どもは、伸縮性がある服の方がやりやすくなります。

・着替えが上手くできるようになるまではタートルネックやパーカーのように着替えの途中で視界が失われるものは避け、すぐに頭が抜けたり、半袖のようにすぐに手が抜け出る服を着せた方がよいでしょう。

・協調運動が苦手な子どもは一度に両手・両足の動きを覚えることが困難なため、片手ずつの練習からはじめます。ダンス、体操は両手のみ、両足のみ、それぞれを練習して、最後に組み合わせるとわかりやすくなることがあります。動作が素早くなるとわかりにくくなりますので、ゆっくりとした動作をくり返し練習するようにしましょう。

・走るとき、手の振りに左右差がある場合、自分で左右の動きが違うことがわからないことがあります。ビデオなどで自分の動きを確認させるのも一つの方法です。あまり動かせていない方の手を振って走ることを意識させると、その間は動かせることが多いので、最初は意識させるとよいでしょう。

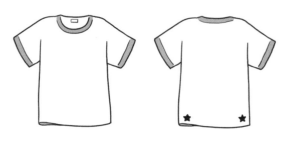

裾の後ろか前に印をつける

持ちかえる練習をする

着替えの途中で視界が失われるものは避ける

⑥姿勢

●困りごと

・授業中、姿勢を保てない（うつぶせになったり体が傾く）

・まっすぐ立ったままでいることができない（力が抜けたようになっている）

●対応法

・身体の筋肉に麻痺がないかどうかを確認しておく必要があります。筋肉の緊張が低すぎる場合、非常に疲れやすくなります。走ることや歩くことを高頻度で行うことで変化が見られることがあります。

・筋肉の緊張が低い場合、トランポリンでジャンプをする活動を取り入れることもよいでしょう。

・姿勢が保ちやすくなるような道具を使った支援が有効なことがあります。たとえば、「すべり止めマット」（⓭）を椅子の座面に敷きます。また、バランスボールの椅子を使うと姿勢が改善することがあります。

・授業中に立ち上がったり、動く機会を作ると、その後しばらく姿勢がよくなることがあります。

・普段から、バランスを育てる活動をするとよいでしょう。

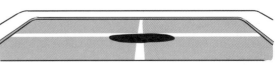
トランポリンでジャンプする

⓭すべり止めマット（Q チェアマット）

⑦読字に関すること

●困りごと

・文字の読み飛ばし、行飛ばしが起こりやすい

●対応法

・指で文字を追って読む、定規を当てて読むなどの工夫を教えましょう。2〜3行だけ文字の行が見える「リーディングトラッカー」（⓮）を使うのもよいでしょう。

・眼球運動のコントロールに問題がないか、確認しましょう。指人形などを目の前30センチぐらいの位置でゆっくりと左右に動かしてみて、眼球がスムーズに動かせているかを見ると眼球がカクカ

⓮リーディングトラッカー

クと不規則な動きをする子どもや、目の中心部で動きが止まる子どもなどがいます。そのような場合、目の動きのトレーニング（ビジョントレーニング）を検討することがあります。

指人形で眼球運動を確認する

⑧口腔運動

●困りごと
・はっきりと発音できない（不明瞭な音がある）
・つねに口が開いている
・食事中、口から食べ物をこぼす

●対応法
・幼児期（5歳頃）に、サ行やラ行がはっきり言えない子どもは、学齢期にははっきり発音できるようになることが多いですが、学齢期になっても発音の歪みが明らかな場合、言語聴覚士に相談するとよいでしょう。
・子どもの口腔の形態の異常がないのに発音の歪みが生じる場合は、舌を上下左右に動かすなど、口の協調運動の練習が必要です。
・口を開けていることが多い場合、鼻がつまっていないかなど確認します。口の周りの筋肉の緊張の弱さがある場合、ガムを噛むなど口腔筋を持続的に使うようにするとよいでしょう。
・口を開けていることが多かったり、舌を出していることが多い場合、姿勢を後ろに傾けて、首を起こし続ける首の屈筋を持続的に使う活動をするとよいでしょう。

舌を動かす

ガムを噛む

【感覚＋動作アセスメント】Q&A

Q1 対象となる年齢は？

基にしたデータは、自分の担任する小学生についての教師の回答です。その意味では、小1（7歳）から小6（12歳）がメインとなります。ただし、6歳以下には7歳としての結果を、13歳以上は12歳としての結果を出しています。6歳以下13歳以上の場合、パーセンタイルスコアは標準データに基づく正確な値として用いることはできません。スコアの偏りを概観し、子どもの困りを理解するために用いることはできるかもしれません。支援方法などは参考にしていただけると思います。

Q2 同じ子について、どのくらいの頻度で実施するのがよいでしょうか？

その子の年齢や、時期によっても感覚や動作の困りが異なる可能性があります。その意味で、6カ月ごとに実施できるとよいと思われます。それが難しいようなら、1年に1度でもよいでしょう。

Q3 質問によっては、利用者が知らない（答えられない）質問が出てきますが、そのときはどう答えたらよいでしょうか？

その質問についての状況を知っている人（保護者や学童や放課後等デイサービス等の担当者）に聞いて回答してください。必要に応じて、対象となる子どもに直接質問してもよいでしょう。

Q4 検査の結果を保護者や学校などの施設の担当者に知らせた方がよいでしょうか？

子どもに関わる人が皆、子どもの困りや支援方法について理解することが望ましいですので、できるだけ情報を共有する方がよいと思います。

Q5 検査の結果を子ども本人に知らせた方がよいでしょうか？

子どもの自己理解を深めた上で本アセスメントの結果が役立つことはあるかもしれません。そのため、必要があれば結果を伝えてもよいと思いますが、どこまで、どのように説明するかは事前に検討すべきでしょう。医療機関にかかっている子どもの場合、主治医に相談すべきでしょう。なお、コメントは支援する教師向けに書かれており、理解できない内容もあるでしょうから、本人ができるだけわかる（納得できる）ように伝えてあげましょう。

Q6 検査の費用をできるだけ抑えたいのですが、何かよい方法はありますか？

「チケット払い」は、過去のデータを利用できないため、また、毎回すべての回答を入力する必要があります。一方「使い放題」では、退会して再度入会しても、退会前に作ったデータは保存されています。施設でのご利用の場合は 2 〜 3 カ月おき、あるいは半年おきに「使い放題」で入会して、一通り使い終わったら退会する、という使い方がよいと思います。

Q7 感覚や動作の困りへの対処法を、さらに詳しく知る方法はありますか？

感覚や動作への対処法を詳しくお知りになりたい場合、発達障害を専門とする医師、作業療法士、理学療法士、心理専門職に相談するとよいでしょう。

本人の視覚認知と聴覚認知の特性をさらに詳しく知るために、「視覚認知バランサー」と「聴覚認知バランサー」というアプリがあります。また、苦手な生活機能を獲得する方法をもっと具体的に知るために、「ライフスキル」というクラウドサービスがあります。詳しくは、レデックスの Web ページでご覧になってください。

Q8 公的機関なので、毎月払いという支払いができないのですが、何か解決策はありますか？

費用の支払い方法については、一括でお支払いいただくなどの方法があります。レデックスにお問い合わせください。

Q9 スマホしか使えないのですが、結果の印刷などする方法がありますか？

アセスメント結果は PDF ファイルとして出力されます。もしお手元のプリンターがスマホからの印刷に対応していれば、必要に応じてドライバーなどをインストールした上で、スマホから直接印刷することができます。お手元にプリンターがない場合には、アセスメント結果の PDF ファイルをメールなどで転送し、プリンターにつながっている PC などから印刷する方法があります。そのような環境もない場合には、アプリをインストールすることで、コンビニのコピー機から出力する方法もあります。セブンイレブンでは netprint、ファミリーマートやローソンでは PrintSmash というアプリがあります。詳しくは各コンビニの Web ページや、アプリのページをご参照ください。

Q10 子どもの人数が多いので、効率的に使う方法はありますか？

　利用者情報や質問への回答を一括入力するためのフォーマットデータ（テンプレート）を、それぞれご用意しています。このフォーマットデータを表計算ソフトで開き、利用者情報や、回答を入力して保存し、システムにインポートすることで、一括して登録・回答することができます。詳しくは「ご利用ガイド」を参照してください。

　また、回答のフォーマットデータには質問内容がすべて記載されていますので、これを印刷して回答者に配って記入してもらう、といった応用が可能です。

感覚処理と協調運動の問題

長崎大学　生命医科学域　岩永竜一郎

1．感覚処理

1）子どもに見られる感覚処理の問題

発達障害児には、感覚過敏、感覚刺激への気づきにくさ、感覚を過剰に求める行動などが見られることがあります。このような感覚刺激に対する反応の問題を感覚処理障害と呼ぶことがあります。

感覚処理の問題は、発達障害ではない人に見られることもありますが、自閉スペクトラム症（Autism Spectrum Disorder: ASD）児者にはとくに高頻度に見られやすいことがわかっています。これまでの研究で、ASD 児の 80％以上に感覚刺激に対する反応異常が見られることが報告されています（Gomes et al., 2008; Marco et al., 2011）。

また、ASD 者の信頼性のある自序伝すべてに感覚の問題が記述されていること（Elwin et al., 2012）もわかっています。ASD 児の感覚の問題の中でも感覚刺激への過反応はとくによく見られる問題です。Bromley ら（2004）は、自閉症児の71％ に音に対する過反応、54％に接触に対する過反応が見られたと報告しています。また、Kientz & Dunn（1997）は、ASD 児の 68.8％ に「騒々しい音で混乱すること」、68.8％ に「散髪、洗顔、爪切りを嫌がること」などの過反応が見られたと報告しています。ときには感覚処理の問題が偏食の問題につながっていることもあります（Cermak et al., 2010）。

当事者の記述にも過反応のエピソードが記述されています。自閉症当事者であるテンプル・グランディン（Grandin & Scariano, 1994）は「たとえば誕生パーティー、私にとっては拷問にも等し

かった。ノイズ・メーカーが突然ポンポンなって醸し出す混乱が、私を心臓が飛び上がるほどびっくりさせた」など聴覚過敏によって苦しんでいたことを記述しています。同じく自閉症当事者のドナ・ウイリアムズ（Williams, 2000）も「なにしろ、私は人に近付かれることと触られることが徹底的に嫌いなのだ。決して悲鳴を上げることはなかったが、人に触れられそうになっただけで、私は猛烈な勢いで逃げ出した」などの触覚過敏のエピソードを紹介しています。このような感覚過敏に関する当事者の報告を挙げると枚挙に暇がありません。当事者の自叙伝の中で多くの感覚過敏に関する記述があることは、彼らにとって感覚過敏が非常に深刻な問題であることを物語っていると考えられます。

以上のような感覚刺激への過反応が高頻度に見られる一方で、ASD 児者には刺激に対する低反応が見られることもあります。たとえば、呼ばれても振り向かないなどの問題があります。当事者の記述にも「コインや蓋が回転する動きに夢中になっているときは、他には何も見えず、何も聞こえませんでした。周りの人たちも目に入りません。どんな音がしても見つめ続け、耳が聞こえない人になったかのようでした。（Grandin & Scariano, 1994）」のように何かに集中すると他の刺激に対して低反応状態となってしまうことが書かれています。

さらに「（背中など）見えないもの（背中）はない（小道 , 2009）」など、目に見えない身体部位の身体認識ができないことがあるという問題も当事者から報告されています。

以上のことから、ASD 児者は感覚処理の問題によって、生活の中で深刻な問題を抱えていることがわかります。

忘れてはいけないことは、ASD 児者の感覚の問題は、脳機能の障害によるものであると考えられていることです（Mikkelsen et al., 2016）。ASD 児者の感覚の問題と関連する脳機能の障害が多くの研究で報告されています（Green et al., 2016; Cerliani et al., 2015; Schauder & Muller, 2015; LeBlanc & Fagiolini, 2011; Failla et al., 2018）。感覚過敏などは、我慢が足りないことによって起こると思われることがありますが、これらの研究で明らかなように神経学的な問題が影響していると考えるべきでしょう。そのため、我慢を強要したり、感覚過敏による不適応を叱責したりすることがないようにする必要があります。

感覚の問題は気づかれなかったり、正しく理解してもらえなかったり、適切な対応がなされなかったりすることがよくあります。学校の中でも感覚の問題への対応は十分なされていないこともあります。

子どもを取り巻く人が、感覚の問題に早期に気づき、適切な対応を検討することは重要です。

2）感覚処理のパターンと発達障害児者が示す問題

感覚プロファイルを開発した Dunn は感覚刺激に対する反応について独自のモデルを示しています（Dunn, 2011）。ASD 児者にも Dunn のモデルで分類したパターンのいずれか、もしくは複数の問題が見られることがあります。Dunn のモデルでは「感覚刺激への神経学的反応閾値（刺激への反応の起こりやすさ）（閾値が高いか低いか）」と「感覚刺激に対する行動反応のタイプ（受動的か能動的か）」の2つの軸で感覚刺激への反応が4パターンに分類されています（図①）。

その4つのパターンとは「低登録」、「感覚探求」、「感覚過敏」、「感覚回避」です。「低登録」とは、感覚刺激への反応閾値が高く受動的な反応（図①の左上）、「感覚探求」は反応閾値が高く能動的に刺激を得ようとする反応（図①の右上）、「感覚過

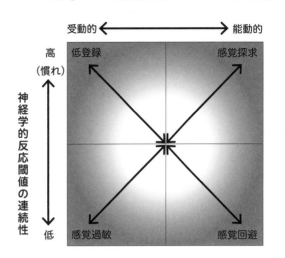

★図① 4つの感覚処理パターン（Dunn）

敏」は感覚刺激に対する反応閾値が低く受動的な反応（図①の左下）、「感覚回避」は感覚刺激に対する反応閾値が低く能動的な反応です（図①の右下）。

一方、Miller は Dunn のいう「感覚過敏」と「感覚回避」をまとめ、感覚刺激への反応異常を「感覚刺激への過反応（感覚過敏・感覚回避）」、「感覚刺激への低反応」、「感覚探求」の3つのタイプに分類しています。

ここで Miller の分類に基づいて、発達障害児に見られる感覚処理の問題の例を示します。

①感覚刺激への過反応の例
・赤ちゃんの泣き声を聞いて耳をふさぐ
・運動会のピストルの音が耐えられない
・非常ベルでパニックになる
・友だちに触られることを嫌がる。手をつなげない
・歯磨きをされることを嫌がる
・散髪を嫌がる
・ウール素材の服を着られない
・蛍光灯を嫌がる
・味覚過敏で偏食につながっている
②感覚刺激への低反応の例
・名前を呼ばれても反応しない
・けがをしても痛がらない
・身体が物にぶつかっても気づかない

③感覚探求の例
・トランポリンでジャンプし続ける
・水遊びをやめない
・服を噛み続ける

　このような感覚刺激への反応異常は、複数の感覚系にまたがって現れることが多くあります。

　たとえば、聴覚刺激への過反応と触覚刺激への過反応が同時に現れることがあります。また一方で、散髪をしようとすると嫌がるが、けがをしてもまったく痛がらないなど、一人の子どもに感覚刺激への過反応と低反応の両方が見られることがあります。

　子どもそれぞれで感覚処理の問題の特性は異なりますので、それぞれの感覚処理の特性をつかみ、それに応じた支援をオーダーメイドのように考える必要があります。

◆文献

- Bromley J, Hare DJ, Davison K et al.: Mothers supporting children with autistic spectrum disorders: social support, mental health status and satisfaction with services, Autism 8:409-423. 2004
- Cerliani L, Mennes M, Thomas RM, Di Martino A, Thioux M, Keysers C: Increased Functional Connectivity Between Subcortical and Cortical Resting-State Networks in Autism Spectrum Disorder. JAMA Psychiatry. 72（8）:767-77. 2015
- Cermak SA, Curtin C, Bandini LG. Food selectivity and sensory sensitivity in children with autism spectrum disorders. J Am Diet Assoc 110:238-46. 2010
- Dunn W: Best Practice Occupational Therapy second edition. SLACK Incorporated, NJ, 2011
- Elwin M, EL, Schröder A, et al.: Autobiographical accounts of sensing in Asperger syndrome and high-functioning autism. Arch Psychiatr Nurs. 26: 420-429. 2012
- Failla MD, Moana-Filho EJ, Essick GK, Baranek GT, Rogers BP, Cascio CJ: Initially intact neural responses to pain in autism are diminished during sustained pain. Autism. 22（6）:669-683. 2018
- Gomes E, Pedroso FS, Wagner MB: Auditory hypersensitivity in the autistic spectrum disorder. Pro Fono, 20: 279-284, 2008
- Grandin T & Scariano MM（カニングハム久子訳）：我、自閉症に生まれて．学研プラス．1994
- Green SA, Hernandez L, Bookheimer SY, Dapretto M: Salience Network Connectivity in Autism Is Related to Brain and Behavioral Markers of Sensory Overresponsivity. J Am Acad Child Adolesc Psychiatry. 55（7）:618-626.e1. 2016
- Kientz MA & Dunn W: A comparison of the performance of children with and without autism on the Sensory Profile. Am J Occup Ther, 51: 530-537, 1997
- 小道モコ：あたし研究．クリエイツかもがわ．2009
- LeBlanc JJ, Fagiolini M: Autism: a "critical period" disorder? Neural Plast. 2011:921680. 2011
- Marco EJ, Hinkley LB, Hill SS, Nagarajan SS. Sensory processing in autism: a review of neurophysiologic findings. Pediatr Res. 69: 48-54. 2011
- Mikkelsen M, Wodka EL, Mostofsky SH, Puts NA: Autism spectrum disorder in the scope of tactile processing. Dev Cogn Neurosci. 23. pii: S1878-9293（16）30141-4. 2016
- Schauder KB, Muller CL, Veenstra-VanderWeele J3, Cascio CJ4: Genetic Variation in Serotonin Transporter Modulates Tactile Hyperresponsiveness in ASD. Res Autism Spectrum Disord. 1;10:93-100. 2015
- Williams D（河野万里子訳）；自閉症だったわたしへ．新潮文庫．2000

2. 協調運動

1) 子どもに見られる協調運動の問題

発達障害児の中には、協調運動の問題が見られる子どもがたくさんいます。いわゆる不器用が目立つ状態です。その不器用さが顕著で、日常生活に困難が生じている場合、発達性協調運動症（DCD）という診断がつくことがあります。

DCDは脳性麻痺、筋ジストロフィー、退行性の障害などがないのに協調された運動スキルの獲得や使用が困難であり、学校生活、遊びなどの日常生活活動を阻害している状態です。ものを落としたりぶつかったりする、はさみや食器の使用、書字、自転車乗り、スポーツがうまくできない、などの症状が見られます。

発生率は5～6%とされています（APA, 2013）。運動の練習不足ではなく、脳機能の障害によって起こると推定されています。DCD児には、しばしば、ソフトニューロロジカルサイン（微細神経学的徴候）が認められます。DCD児者の脳画像研究で、運動に関わる脳領域の活動異常や脳内の神経線維の形成の異常も報告されています。DCDの根治につながる治療法は発見されていません。

DCDは他の神経発達症（発達障害）との併存が多く見られます。これまでの研究で、ASD児には、境界級レベルの問題も含めると89%に（Green et al., 2009）、注意欠如・多動症（ADHD）の55.2%に（Watemberg et al., 2007）、学習障害（LD）の17.8%に（Margari et al., 2013）協調運動障害が見られることが報告されています。

DCDは決して少なくないのですが、周囲の大人が困る行動をするわけではないため、気づかれたり、支援対象とみなされたりすることは少ないでしょう。

2) DCD児が抱える問題と予後

DCD児は、日常生活においてさまざまな困難を抱えます。協調運動の問題により、学校生活で困難が出やすく、体育などで他の生徒よりもうまくできないこと、休み時間に運動を伴う遊びを避けることなどから、劣等感や疎外感を感じることがあります。

DCD児は自己概念が低く友人関係も苦手になりやすいこと（Cocks et al., 2009）、学齢期の運動機能の問題は学校でのQOLと関係していたこと（Raz-Silbiger et al., 2015）などがわかっています。DCD児には抑うつ傾向が見られやすいこと（Lingam et al., 2012）もわかっています。DCDそのものだけでなく、併存する心理的な問題にも注目する必要があるでしょう。

DCD児の予後を調べると、青年期・成人期にも協調運動の問題によって生活上の困難を抱えている人が多いことがわかっています。DCDの若者は社会参加、QOL、生活満足度が低値であったこと（Tal-Saban et al., 2014）、DCD者には抑うつや不安が高頻度に見られ、就労者の60%、非就労者の83.3%に抑うつが見られたことがわかっています（Kirby et al., 2013）。協調運動の問題は、行動や学習の問題に比べ注目されにくいかもしれませんが、成長後にも大きな影響を与える可能性があることから、支援が必要といえるでしょう。

DCD児がもっとも劣等感を感じることが多い場は、学校だと思います。学校での配慮が欠如しているとDCD児は失敗感が募り、劣等感を強め、友だちとの遊びを躊躇したり、抑うつを抱えたりすることにつながるでしょう。そのため、教師が早期にDCDの子どもに気づき、配慮や支援をすることが必要です。前述のようにDCDは周囲が困るような行動ではないため、気づかれにくい傾向があります。よって、教師がDCDに対して積極的に気づき、理解する姿勢が必要となります。

◆文献

● American Psychiatric Association: Diagnostic and statistical manual of mental disorders (5th ed.). Washington, DC: Author. 2013

● Cocks N, Barton B, Donelly M. Self-concept of boys with Developmental Coordination Disorder. Phys Occup Ther Pediatr. 29（1）:6-22. 2009

● Green D, Charman T, Pickles A, Chandler S, Loucas T, Simonoff E, Baird G. Impairment in movement skills of children with autistic spectrum disorders. Dev Med Child Neurol. 51（4）:311-6. 2009

● 岩永竜一郎（2014）：自閉症スペクトラムの子どもの感覚・運度面の問題への対処法．東京書籍

● Kirby A, Williams N, Thomas M, Hill EL. Self-reported mood, general health, wellbeing and employment status in adults with suspected DCD.Res Dev Disabil. 34（4）:1357-64. 2013

● Lingam R, Jongmans MJ, Ellis M, Hunt LP, Golding J, Emond A.: Mental health difficulties in children with developmental coordination disorder. Pediatrics. 129（4）:e882-91. 2012

● Margari L, Buttiglione M, Craig F, Cristella A, de Giambattista C, Matera E, Operto F, Simone M.: Neuropsychopathological comorbidities in learning disorders. BMC Neurol. 13;13:198. 2013

● Raz-Silbiger S, Lifshitz N, Katz N, Steinhart S, Cermak SA, Weintraub N. Relationship between motor skills, participation in leisure activities and quality of life of children with Developmental Coordination Disorder: temporal aspects. Res Dev Disabil. 38:171-80. 2015

● Tal-Saban M, Ornoy A, Parush S. Executive function and attention in young adults with and without Developmental Coordination Disorder--a comparative study. Res Dev Disabil. 35（11）:2644-50. 2014

● Watemberg N, Waiserberg N, Zuk L, Lerman-Sagie T.: Developmental coordination disorder in children with attention-deficit-hyperactivity disorder and physical therapy intervention. Dev Med Child Neurol. 49（12）:920-5. 2007

写真協力 ···

❶カラープラスチックパイプ　アメリカ製／iWANT（https://iwant.shop-pro.jp）

❷Qキャップ／パシフィックサプライ株式会社

❸凹凸マス目練習帳／株式会社オフィスサニー・できるびより

❹魔法のザラザラ下じき／株式会社オフィスサニー・できるびより

❺Qデスクシート／株式会社ゴムQ

❻Qホルダー／株式会社ゴムQ

❼電動消しゴムRBE300／株式会社サクラクレパス

❽ダイヤルDRIVE／株式会社リオグループホールディングス

❾著者提供

❿きっちょん／クツワ株式会社

⓫くるくるグリップ／株式会社台和

⓬7-3788-01 すくい易いお皿／アズワン株式会社

⓭Qチェアマット／パシフィックサプライ株式会社

⓮キハラ リーディングトラッカー／キハラ株式会社

本書の編集にあたり、写真提供にご協力いただいたみなさまに、心より御礼申し上げます。
なお、写真提供につきましては極力許可を得るよう努力しましたが、一部、掲載許諾の可否が不明と
なっております。本書をご覧になりお気づきの方は、編集部までご一報をいただければ幸いです。

著者紹介　岩永竜一郎（いわなが・りょういちろう）

長崎大学生命医科学域教授、長崎大学大学院医歯薬学総合研究科教授、医学博士、作業療法士
日本感覚統合学会理事、特別支援教育士スーパーバイザーほか、長崎県内外のさまざまな委員を兼任。自閉スペクトラム症の息子がおり、長崎県自閉症協会高機能部部長としても活動している。
加入学会：日本作業療法士協会・日本小児保健学会・日本小児精神神経学会・日本自閉症スペクトラム学会・日本小児神経学会・日本LD学会・日本DCD学会・日本感覚総合学会・日本児童青年精神医学会・日本特殊教育学会
書籍：『自閉症スペクトラムの子どもの感覚・運動の問題への対処法』東京書籍（2014年）ほか多数。

編集協力　レデックス株式会社

レデックス株式会社（東京都町田市）は、発達に関わるデジタルサービスの開発企業。「脳バランサーキッズ」や生活機能発達支援プログラム：「ライフスキル」は、多くの施設や個人に使われている。2010年創刊のメールマガジン【レデックス通信】は、全バックナンバーを検索機能付きで公開し好評を博している。

公式サイト：https://www.ledex.co.jp/
住所：〒194-0002　東京都町田市南つくし野1-3-6
電話 042-799-0269　FAX 042-799-0741
メール：info@ledex.co.jp
レデックスメルマガ情報：https://www.ledex.co.jp/mailmag

イラスト　にしださとこ
装幀　後藤葉子（森デザイン室）
組版　酒井広美（合同制作室）

増補板
特別支援教育に使える
【感覚＋動作アセスメント】マニュアル
──「感覚処理の問題」と「不器用」への対応法

2021年7月5日　第1刷発行
2024年3月25日　増補版　第1刷発行

著　者　岩永竜一郎
発行者　坂上美樹
発行所　合同出版株式会社
　　　　東京都小金井市関野町1-6-10
　　　　郵便番号　184-0001
　　　　電話　042-401-2930
　　　　振替　00180-9-65422
　　　　ホームページ　https://www.godo-shuppan.co.jp
印刷・製本　恵友印刷株式会社